Dennis Yen

Asiatische Nudelküche

Ramen, Udon, Wantans und alles, was dazugehört

Fotos: Lina Eidenberg Adamo

Ich glaube, viele erinnern sich an eine Zeit in ihrem Leben, in der Ramennudeln die Retter des Alltags waren. Man kam hungrig und müde aus der Schule und konnte sich innerhalb von zehn Minuten Nudeln machen, die genau das Richtige waren. Asia-Nudeln und Ramen sind ein Essenstrend, der in den letzten Jahren große Aufmerksamkeit bekommen hat, unter anderem in Kopenhagen, wo es inzwischen viele gut etablierte Lokale gibt, die genau darauf spezialisiert sind. Dasselbe geht gerade in Schweden los. Innerhalb kurzer Zeit haben, nicht zuletzt in Stockholm, viele asiatische Nudelküchen eröffnet. Es ist ein Trend, der bei Foodies und Hobbyköchen großes Interesse geweckt hat, aber für die meisten ist es wohl doch noch ein eher unerforschtes Terrain, in dem die Zutaten vielfältig und zum Teil unbekannt sein können.

Für mich sind Asia-Nudeln gleichbedeutend mit meinem Zuhause, weil ich mit chinesischem und vietnamesischem Essen aufgewachsen bin – zwei Küchen mit Unmengen unterschiedlicher Nudelgerichte. Mit diesem Buch will ich Dir helfen, in die wunderbare Welt der asiatischen Nudeln einzutauchen, eine Welt voller Möglichkeiten. Nimm das Buch mit in die Küche und mach es dort zu einem genauso selbstverständlichen Teil wie das Schneidebrett. Hier gibt es asiatische Nudelgerichte für jede Gelegenheit, von den schnellen und einfachen 15-Minuten-Suppen bis zu den ambitionierteren, die ein paar Stunden plus Vorbereitungszeit brauchen. Du findest auch Rezepte für gute Brühen und verschiedene Würzmittel in Form von Saucen, sodass Du ein Nudelgericht nach Deinen eigenen Vorlieben zubereiten kannst.

Das Ziel ist, dass Du Dich nach einer Weile traust, Dir Freiheiten zu nehmen und eigene Kombinationen von all den Leckereien aus dem Buch auszuprobieren. Wer weiß, vielleicht findest Du eine Geschmackskombination, die bei jedem Bissen Deine Geschmacksknospen tanzen lässt. Ich hoffe es.

Dennis Yen

DAS ESSEN IN MEINEM LEBEN

Ich bin in einer großen Familie aufgewachsen, in der Essen und alles, was dazugehört, eine zentrale Rolle spielt. Wenn wir telefonieren oder uns treffen, ist die erste Frage: „Hast Du gegessen?“ Das ist in meiner Familie wie: „Wie geht es Dir?“ Und wie es dir geht, wird darauf zurückgeführt, ob Du gegessen hast oder nicht. Wenn es zum Beispiel spätabends ist und Du antwortest, dass Du noch nicht gegessen hast, ist klar, dass etwas nicht stimmt: „Warum hast Du nicht gegessen?“, „Ist etwas passiert?“ Also bejahe ich die Frage immer, um meine Eltern nicht unnötig zu beunruhigen.

Mein großes Interesse für Essen stammt aus meiner Kindheit. Ich erinnere mich noch gut, dass vor jedem Wochenende ein 20-Liter-Topf auf dem Herd köchelte und das ganze Haus nach Brühe duftete. Solange ich denken kann, hat Mama immer Nudeln in verschiedenen Variationen gekocht. Manchmal waren es einfache Reisnudeln in einer würzigen Hühnerbrühe, ein andermal in einer deftigen Brühe aus Rindfleisch und aromatischen Kräutern. Am allerliebsten mochte ich die vietnamesische Nudelsuppe Pho. Noch heute bekomme ich bei Mama immer Schüsseln mit dampfenden Nudeln, magischen Brühen, allen erdenklichen Würzmitteln und Bergen frischer Gemüse und Kräuter. Mamas Essen ist einfach himmlisch, und egal, was sie mir serviert – es schmeckt besser als alles andere.

Das bedeutet nicht, dass ich als Kind das Essen meiner Mutter besonders schätzte. Ich fand das Essen bei uns zu Hause komisch im Vergleich zu dem meiner Mitschüler und schämte mich, dass wir nicht so waren wie alle anderen. „Warum essen wir nie Köttbullar mit Kartoffeln und Sahnesauce und einem Glas Milch?“ Wir aßen Gerichte mit fermentierten Bohnen, Fischsauce und seltsamem Gemüse. Aber je älter ich wurde, desto mehr wusste ich das Essen meiner Mutter zu schätzen. Inzwischen sind asiatische Nudelgerichte allgemein beliebt, sogar fermentierte, manchmal seltsam riechende Produkte dürfen dabei sein.

Ich bin seit vielen Jahren stolz und dankbar für die Essenskultur, die ich als Kind erleben durfte, sie hat mich geprägt, ohne sie wäre ich nicht der, der ich heute bin. Vieles, was ich koche, stammt aus der asiatischen Küche, die mich sehr inspiriert, vor allem aus China, Vietnam, Südkorea, Thailand und Japan. Ramen oder andere Nudelgerichte zu kochen ist für mich selbstverständlich. Genauso gern wie ich experimentiere und neue Gerichte ausprobiere, genieße ich die klassischen. Für mich ist das Essen, das ich koche, eine Form, Liebe und Wertschätzung zu zeigen, Erinnerungen zu vermitteln und meine Familiengeschichte zu erzählen.

MEINE NUDELPHILOSOPHIE

Ich habe eine Nudelphilosophie, die beim Kochen von Nudelgerichten meinen Ausgangspunkt bildet. Sie ist darauf ausgelegt, dass es nicht schwierig sein darf. Eine magische Schüssel Asia-Nudeln hinzukriegen sollte genauso einfach sein wie Makkaroni mit gebratener Fleischwurst zu machen. Es ist genau wie bei jedem anderen Gericht, wenn man die Dinge von Grund auf selbst macht, dauert es natürlich etwas länger. Ich persönlich liebe Makkaroni und Fleischwurst mit Ketchup, aber ich mache den Ketchup nicht immer selbst, sondern kaufe ihn oft fertig. Dieselbe Philosophie lässt sich bei Asia-Nudeln anwenden. Man kann die Nudeln selbst machen, aber man kann auch fertige kaufen. Beide Varianten sind auf ihre Art lecker.

Du kannst – wie immer beim Kochen – selbst entscheiden, wie sehr Du Dich in die Details vertiefen willst. Was Ramen betrifft, denken viele, dass sie viel Arbeit machen und man völlig fertig ist, wenn das Essen endlich auf dem Tisch steht. Ich würde sagen, dass das teilweise stimmt, aber nur, wenn Du Dich dafür entscheidest, alles von Grund auf selbst zu machen, und wenn Du die Suppe am selben Tag essen willst. Es gibt natürlich eine Lösung dafür. Ganz gemäß der Nudelphilosophie – es soll nicht schwierig sein.

Ein Tipp ist, erst mal eine Sache zu lernen und alles andere fertig zu kaufen. Wenn Du im Handumdrehen eine Kick-Ass-Brühe herstellen kannst, kannst Du im nächsten Schritt Nudeln selbst machen und Dich wieder etwas Neuem zuwenden.

Das ist eine Methode, mit der man gut sieht, dass jedes Nudelgericht aus unterschiedlichen Bestandteilen gemacht wird. Diese können verschiedene Varianten von Nudeln, Brühen, Saucen, Ölen, Toppings und anderen Zutaten sein. Leg Dir ein paar davon zu, indem Du sie fertig kaufst oder selbst machst und im Küchen-, Kühl- oder Gefrierschrank aufbewahrst, dann hast Du die besten Voraussetzungen, genau das zu kochen, worauf Du Lust hast. In meinem Gefrierschrank findet man Wantans und Dumplings mit verschiedenen Füllungen, Brühen, gebackenen Schweinebauch und selbst gemachte Nudeln unterschiedlicher Art – allzeit bereit, um bei Bedarf und Lust aufgetaut zu werden. In meinem Schrank stehen eine Menge verschiedener Öle, Saucen, Würzmischungen und Pasten, die ich auf alle Arten von Nudeln geben kann. Ja, Du verstehst schon: Es ist ein Reichtum, Zugang zu all dem zu haben, und das Geheimnis dahinter ist Planung und Vorbereitung. Nudeln sollen einfach sein, warum es kompliziert machen?

ZUR VERWENDUNG DIESES BUCHES

Dieses Buch hat keine besonderen Regeln, an die Du Dich halten musst, es ist vielmehr mein Bestreben, Dich an der Hand zu nehmen – ein Guide zu sein, der Dein Interesse weckt, viele verschiedene leckere asiatische Nudelgerichte zu kochen. Einen Tipp habe ich jedoch: Lies das ganze Rezept durch, bevor Du anfängst, erstens, um sicherzugehen, dass Du alle Zutaten zu Hause hast, und zweitens, um eine Ahnung von den Arbeitsschritten zu bekommen. Vielleicht gibt es einige Zutaten, die Du nicht kennst: Auf Seite 18 und Seite 52 kannst Du etwas darüber lesen. Inzwischen gibt es gut etablierte Webshops mit einem breiten Sortiment an asiatischen Produkten, bei denen Du bestellen kannst. Willst Du mehr über verschiedene Nudeln wissen? Sieh auf Seite 14 nach. Es gibt auch einige Gerätschaften, die das Kochen erleichtern, die findest Du auf der Seite nebenan. Das meiste hast Du sicher schon zu Hause, und wenn nicht, dann kann man meistens auch improvisieren.

NÜTZLICHE UTENSILIEN

VERSCHIEDENE SORTEN NUDELN UND TEIGBLÄTTER

1. Glasnudeln
Sehen aus wie kleine Schnüre und sind normalerweise aus Mungbohnen, aber es gibt auch Glasnudeln aus Tapioka und Süßkartoffeln. Glasnudeln haben eine wunderbare Konsistenz und die Fähigkeit, Flüssigkeit aufzusaugen. Deshalb passen sie beispielsweise gut in Salate mit Dressing. In diesem Buch verwende ich sie für Frühlingsrollen.

2. Ramennudeln
Es gibt frische und getrocknete Ramennudeln zu kaufen. Sie bestehen aus Weizenmehl, Salz und Wasser. Manche Marken haben auch Kansui im Teig (mehr darüber auf Seite 94), was den Nudeln etwas mehr Elastizität verleiht und sie in einer Suppe weniger Flüssigkeit aufsaugen lässt.

3. Weizennudeln
Werden oft getrocknet in vielen unterschiedlichen Variationen an Dicke und Form verkauft. Sie bestehen aus Weizenmehl, Salz und Wasser, manchmal ist aber auch Ei dabei. Kuan-Miao-Nudeln sind Weizennudeln, die von Hand geschnitten sind. Weizennudeln eignen sich gut für Wokgerichte und Suppen.

4. Instantnudeln
Hier gibt es eine unglaubliche Menge an Varianten. In diesem Buch habe ich sowohl billigere als auch etwas teurere Sorten verwendet. Der Unterschied ist, dass bei den teureren Sorten die Nudeln dicker sind, und oft ist die beiliegende Würzmischung aromatischer. Sie sind gut in Suppen verwendbar.

5. Udonnudeln
Bestehen aus Weizenmehl, Salz und Wasser, man kann sowohl frische als auch getrocknete kaufen. Frische Udonnudeln sind dicker und haben eine etwas bissfestere Konsistenz. Udonnudeln lassen sich für Gerichte mit und ohne Brühe verwenden.

6. Reisnudeln
Genau wie Weizennudeln kommen Reisnudeln in vielen unterschiedlichen Varianten vor. Sie sind aus Reismehl, Tapioka, Salz und Wasser, ziemlich geschmacksneutral und werden für gewöhnlich in Nudelgerichten verwendet, die aromatische und scharfe Gewürze mit viel Geschmack enthalten. Sie sind gut für Salate, Wokgerichte und Suppen geeignet.

7. Rice Flakes (Reisblättchen)
Rice Flakes oder Reisblättchen haben viele Anwendungsgebiete und können je nach Zubereitungsart die Form ändern. Sie bestehen aus Reismehl, Tapioka, Salz und Wasser. Genau wie Reisnudeln sind sie ziemlich geschmacksneutral und passen gut zu Gerichten mit viel Aroma.

8. Frühlingsrollenblätter
Die Frühlingsrollenblätter, die ich verwende, sind 20 × 20 cm groß. Man findet sie in den Gefriertruhen der Asia-Läden. Halte Ausschau nach „Spring Roll Pastry". Sie sind aus Weizenmehl, Salz und Wasser. Es gibt aber auch Frühlingsrollenblätter aus Reismehl.

9. Wantanblätter
Wantanblätter sind dünn und meist quadratisch. Sie bestehen aus Weizenmehl, Wasser, Ei und Salz. Man kauft sie gefroren, und eine Packung enthält meist etwa 60 Stück.

10. Eiernudeln
Eiernudeln kommen in unterschiedlichen Größen vor und werden aus Weizenmehl, Wasser, Eiern und Salz hergestellt. Die Nudeln werden oft getrocknet verkauft, aber in manchen Asia-Läden findet man auch frische Nudeln im Kühlregal. Eiernudeln eignen sich gut für Wokgerichte und Suppen.

2.
4.
3.
1.
10.
7.
9.
5.
3.
8.
6.

TIPPS FÜR DIE ZUBEREITUNG VON UNTERSCHIEDLICHEN NUDELSORTEN

Selbst gemachte Ramennudeln
Die Kochzeit für selbst gemachte Ramennudeln variiert ja nach Dicke der Nudeln. Dünne Nudeln sind schneller gar, dicke brauchen etwas mehr Zeit. Ich mache meine Nudeln meist mit Stufe 4 meiner Nudelmaschine und habe gelernt, dass man sie am besten 30 Sekunden lang kocht. Du findest die perfekte Kochzeit für Deine Nudeln am besten heraus, indem Du ein paar davon testweise kochst.

Selbst gemachte Ramennudeln koche ich genau wie normale Weizennudeln in einem weiten Topf in reichlich kochendem Wasser. Das Wasser der gekochten Nudeln gut abseihen, um so viel Stärke wie möglich loszuwerden. Wenn man die Nudeln für kalte Gerichte verwendet und nicht in Brühe gibt, sollte man sie mit reichlich kaltem Wasser abschrecken, um den Kochprozess zu stoppen und alle Stärke abzuspülen. Dann sind die Nudeln fertig.

Reisnudeln
Wir sind daran gewöhnt, dass Nudeln ein paar Minuten in einem Topf mit Wasser gekocht werden, aber das gilt nicht für Reisnudeln. Mach es stattdessen so:

Die Reisnudeln in eine große Schüssel geben. Reichlich Wasser aufkochen, über die Nudeln gießen, sodass alle bedeckt sind, und einen Deckel oder Ähnliches auflegen. Die Nudeln 10 bis 15 Minuten stehen lassen und vorsichtig voneinander separieren.

Wenn sie beginnen weich zu werden, probiere eine Nudel. Sie sollte so biegsam sein, dass man sie um den Finger wickeln kann, und angenehm bissfest, al dente. Die Nudeln dann in ein Sieb abgießen und mit kaltem Wasser abschrecken.

Denk daran, dass Reisnudeln in unterschiedlichen Größen verkauft werden – wie lange man sie einweichen muss, ist deshalb unterschiedlich. Auf dieselbe Art lassen sich auch Glasnudeln zubereiten.

Weizennudeln und Eiernudeln
Reichlich Wasser in einem großen Topf aufkochen. Die Nudeln brauchen beim Kochen viel Raum, um herumzuschwimmen, damit sie gleichmäßig garen. Instruktionen und Zeitangaben auf den Verpackungen sind nur Orientierungspunkte – Du musst die Nudeln probieren, um es genau zu wissen. Meine Mutter hat mir folgende Vorgehensweise beigebracht: Ein paar Nudeln aus dem Topf nehmen, mit kaltem Wasser abschrecken und die Konsistenz testen. Sie sollen weich und durchgekocht sein, aber keinesfalls matschig. Wenn Du unsicher bist, am besten mehrmals probieren.

Die Nudeln, wenn sie fertig sind, in ein Sieb abgießen und mit reichlich kaltem Wasser abschrecken. Das ist nötig, um den Kochprozess zu stoppen und die Stärke wegzukriegen. Jetzt sind die Nudeln fertig. Diese Vorgehensweise gilt auch für Udonnudeln und Kuan-Miao-Nudeln.

WAS VORRÄTIG SEIN SOLLTE

1. Helle und dunkle Sojasauce. Die helle Sojasauce ist salzig mit viel Umami, die dunkle ist weniger salzig und bringt mehr Farbe mit. Sie können einander nicht ersetzen. Meist steht auf der Flasche, ob die Sauce hell oder dunkel ist

2. Doubanjiang (fermentierte Dicke Bohnen). Eine Hauptzutat in vielen Gerichten aus Szechuan, hergestellt aus fermentierten Dicken Bohnen und Chili. Es ist herrlich scharf, salzig und reich an Umami.

3. Sake. Ein alkoholhaltiger Reiswein aus gegorenem poliertem Reis. Bekannt für seine Süße und geringe Fruchtsäure.

4. Sesampaste. Hergestellt aus gerösteten Sesamsamen und ein gutes Würzmittel. Am besten in einem Asia-Supermarkt kaufen, dort ist sie oft weicher und cremiger.

5. Fischsauce. Hergestellt aus fermentierten Anchovis, Salz und Wasser. Ist salzig und hat einen aromatischen Charakter.

6. Tamarinde. Kommt ursprünglich aus Afrika, wird aber in Südostasien oft verwendet. Eine Art Paste, die eine gut ausbalancierte Mischung aus Süße und Säure mitbringt.

7. Kewpie-Mayonnaise. Eine japanische Mayonnaise aus Eigelb, Apfel und Malzessig mit einem frischen und cremigen Geschmack.

8. Kokosmilch. Nimm am besten eine aus dem Asia-Laden, sie ist meist aromatischer und cremiger (mein Favorit ist die Marke Aroy-D).

9. Rote Currypaste. Klassische Thai-Currypaste, die außer roten Chilischoten noch Zitronengras, Kaffir-Limettenblätter und Galangal enthält. Wird oft für Currygerichte und Suppen verwendet.

10. Chinkiang (schwarzer Reisessig). In der chinesischen Küche üblich. Er verleiht dem Gericht Süße und Säure und ist gut für Saucen verwendbar.

11. Geröstetes Sesamöl. Am besten im Asia-Laden kaufen. Dort ist es aromatischer und voller im Geschmack.

12. Schwarze Bohnensauce (Black Bean Sauce). In der chinesischen Küche ein Muss. Die Sauce besteht aus fermentierten schwarzen Bohnen und Sojasauce. Passt gut in Wokgerichte mit Nudeln.

13. Sriracha. Eine scharfe Chilisauce, gewürzt mit geröstetem Knoblauch, Essig, Salz und Zucker.

14. Judasohren. Ein Pilz, der getrocknet verkauft und in der chinesischen Küche oft verwendet wird. Er schmeckt kaum nach etwas, steuert aber eine knusprige Konsistenz bei.

15. Garnelenpaste mit Sojabohnenöl. Eine herrliche Kombination mit Aromen, die an fermentierte Fischsauce erinnern. Gibt einen tiefen Geschmack und passt gut in Suppen.

16. Tsuyu. Flüssiges Umami aus der Flasche, hergestellt aus Kombu und Shiitake. Wird als Würzmittel verwendet, meist in Suppen.

17. Mirin. Mirin ist ein japanischer fermentierter Reiswein mit niedrigem Alkoholgehalt. Bringt Umami und eine Spur Süße mit.

18. MNG. Ein Geschmacksverstärker, der den fünften Grundgeschmack Umami bildet. Wird verwendet, um andere Aromen hervorzuheben.

19. Katsuobushi (Bonitoflocken). Werden oft in der japanischen Küche verwendet, meist in Suppen oder als Topping. Sie werden aus Bonito, einer Thunfischart, hergestellt, der geräuchert, getrocknet und dann zu kleinen Flocken gehobelt wird.

20. Rote und weiße Misopaste. Beide sind aus Sojabohnen gemacht. Der Unterschied ist, dass weiße Misopaste salziger ist und mit Reis fermentiert wurde, während die rote süßlicher ist und mit Korn fermentiert wurde.

21. Yuzusaft. Yuzu ist eine Kreuzung aus Zitrone und Mandarine. Wird in Südkorea und Japan angebaut. Hat einen erfrischend säuerlichen Geschmack, der sich von anderen Zitrusfrüchten unterscheidet.

22. Austernsauce. Wird aus Austernextrakt hergestellt. Sie ist süß und salzig mit viel Umami.

23. Palmzucker. Wird in der thailändischen Küche oft verwendet und hat einen kräftigeren Geschmack als gewöhnlicher Zucker. Gut, um Schärfe auszubalancieren.

24. Getrocknete Minigarnelen. Ein Würzmittel, das man in ganz Asien verwendet. Lassen sich gut mit Knoblauch, Ingwer und Schalotten braten und in Suppen, Eintöpfe und Saucen geben.

25. Aonori. Getrocknete grüne Algen, die gewaschen und gehackt werden. Schmeckt gut nach Meer und wird als Topping verwendet.

26. Getrocknete Shiitakepilze. Haben viel Umami. Ich verwende sie für Suppen, Saucen oder in Scheiben geschnitten für allerlei Gerichte.

27. Shaoxing-Wein. Ein chinesischer Reiswein, der in vielen chinesischen Gerichten verwendet wird. Macht das Essen aromatischer und verleiht ihm mehr Tiefe.

28. Douchi. Fermentierte sonnengetrocknete schwarze Bohnen, die reich an Umami sind. Schafft einen komplexen und tiefen Geschmack.

29. Laksa-Paste. Voller aromatischer Gewürze und Geschmacksrichtungen. Aufgepeppt mit Zitronengras, Ingwer, Zwiebel und Chili, eine super Basis fürs Nudelgericht Laksa.

30. Gochujang. Koreanische fermentierte Chilipaste mit scharfem, fruchtigem Geschmack nach Chili, etwas süß und salzig.

1.
2.
3.
4.
5.
6.
7.
8.
9.
10.
11.
12.
13.
14.
15.
16.
17.
18.
19.
20.
21.
22.
23.
24.
25.
26.
27.
28.
29.
30.

SAUCEN UND WÜRZMITTEL

In diesem Kapitel habe ich einige meiner absoluten Favoriten gesammelt, was Kondimente, das heißt Würzmittel, und Saucen für die meisten meiner Gerichte angeht, vor allem für die Nudelgerichte. Ich empfehle Dir, diese Saucen zu machen, weil die Gerichte aus diesem Buch damit noch besser schmecken. Sie halten sich außerdem lange im Vorratsschrank und bilden eine unglaublich gute Grundlage für alle asiatischen Nudelgerichte, die Du Dir vorstellen kannst.

CHILI-
KNUSPERÖL
ZWIEBEL-
KNUSPERÖL

TERIYAKI-SAUCE
SATÉ
XO-SAUCE

Teriyaki-Sauce

650 ML 〰 10 MINUTEN

Diese Teriyaki-Sauce ist ein Muss in meinem Vorratsschrank. Sie ist eine Grundlage für sehr viele Gerichte, die ich zu Hause mache, und glücklicherweise lässt sie sich ganz einfach herstellen. Man kann sie als Marinade und im Wok verwenden oder zu einer dickeren Sauce einreduzieren.

ZUTATEN:

¼ l helle Sojasauce
200 ml Mirin
200 ml Sake
80 g Zucker

SO WIRD'S GEMACHT:

1. Alle Zutaten in einen Topf geben und auf mittlerer Stufe erhitzen, aber nicht kochen, sondern nur sieden. Rühren, bis sich der Zucker aufgelöst hat.

2. Die Teriyaki-Sauce in ein sauberes Glas füllen und abkühlen lassen.

3. Das Glas gut verschließen und die Sauce in einem kühlen Vorratsschrank aufbewahren. Die Sauce hält sich mindestens 6 Monate, aber sie ist garantiert vorher alle.

Saté

100-200 ML 〰 45 MINUTEN

Eine vietnamesische Sauce voller herrlicher Aromen aus Südostasien, die sowohl scharf als auch süß und salzig ist. Sie ist vielfältig verwendbar: als Dip, für Brühen, Marinaden, zusammen mit Nudeln oder worauf man sonst Lust hat. Eine relativ unbekannte Sauce, die hoffentlich viele probieren. Nicht zu verwechseln mit der indonesischen Erdnusssauce Satay.

ZUTATEN:

2 große Schalotten
4 Knoblauchzehen
4 große mittelscharfe rote Chilischoten
1 kleine scharfe rote Chilischote
2 Stängel Zitronengras
100 ml Rapsöl
1 EL Chiliflocken
3 EL Zucker
2 EL Fischsauce
50 ml Sriracha-Sauce
Salz

SO WIRD'S GEMACHT:

1. Schalotten, Knoblauch und Chili getrennt fein hacken. Die welken Außenblätter der Zitronengrasstängel und die harte Wurzel entfernen und das Zitronengras fein hacken.

2. Das Öl auf mittlerer Stufe in einem Topf erhitzen, die Schalotten hineingeben und 5 Minuten anbraten. Das Öl soll nur leicht Blasen werfen und die Schalotten sollten nicht braun werden. Jeweils im Fünf-Minuten-Abstand eine weitere Zutat hinzufügen, und zwar in dieser Reihenfolge: Zitronengras, Knoblauch, frische Chilischoten.

3. Nach weiteren 5 Minuten Chiliflocken, Zucker und Fischsauce dazugeben. Die Sauce 2 bis 3 Minuten köcheln lassen. Vom Herd nehmen, abkühlen lassen und Sriracha-Sauce dazugeben. Mit Salz abschmecken.

4. Die Sauce in einem sauberen, gut verschlossenen Glas aufbewahren. Sie hält sich 3 Monate im Kühlschrank.

XO-Sauce

500–600 ML 〰 1 STUNDE (+ 45 MINUTEN EINWEICHZEIT)

Der Rolls-Royce unter den Saucen mit Ursprung in Hongkong hat seinen Namen von dem exklusiven XO-Cognac, nicht weil die Sauce Cognac enthält, sondern weil viele Köche die Buchstaben XO mit etwas Luxuriösem von guter Qualität verbanden. Die Sauce ist vollgepackt mit vielen leckeren Zutaten, die sie zu einer Umamibombe mit intensiven und komplexen Aromen machen.

Dieses Rezept ist eine vereinfachte und etwas leichter zugängliche Version, da die Zutaten, die für das traditionelle Rezept benötigt werden, hierzulande schwer zu bekommen und teuer sind. Die Sauce lässt sich in verschiedenen Wokgerichten oder als Topping verwenden. Du wirst viele Gründe finden, um sie einzusetzen.

ZUTATEN:

8 getrocknete Shiitakepilze
1 Handvoll getrocknete Minigarnelen
100 ml Shaoxing-Wein (chinesischer Reiswein) oder Sake
400 ml Rapsöl
80 g luftgetrockneter Schinken, gerieben oder in kleinere Stücke geschnitten
4 große mittelscharfe rote Chilischoten, entkernt und fein gehackt
1 kleine scharfe rote Chilischote, entkernt und fein gehackt
2 EL geriebener Ingwer
4 Knoblauchzehen, fein gehackt
50 ml Austernsauce
1 EL helle Sojasauce
1 EL Fischsauce
2 TL Zucker
½ TL frisch gemahlener weißer Pfeffer
4 TL Zwiebel-Knusperöl (siehe S. 26)
3 EL gemörserte Chiliflocken

SO WIRD'S GEMACHT:

1. Shiitakepilze und Minigarnelen jeweils in einer Schüssel mit kochendem Wasser übergießen, sodass sie gerade bedeckt sind. 2 EL Wein unter die Garnelen mischen. 45 Minuten einweichen lassen.

2. Shiitakepilze und Minigarnelen aus der Flüssigkeit nehmen, die Flüssigkeit für später aufbewahren. Die Garnelen und die Pilze jeweils fein hacken.

3. Das Rapsöl in einem Topf, der mindestens 2 Liter fasst, auf etwa 110 °C erhitzen. Ohne Thermometer geht es auch. Das Öl ist heiß genug, wenn sich allmählich Blasen an einem hineingehaltenen Holzstäbchen bilden.

4. Die Pilze ins Öl geben und 5 Minuten garen, dann die Garnelen hinzufügen und 10 Minuten mitgaren. Den Schinken dazugeben und 2 Minuten mitgaren. Alles mit einem Schaumlöffel aus dem Öl in eine Schüssel heben.

5. Das Öl auf mittlere Hitze bringen. Chili hinzufügen und 2 Minuten anbraten, dann Ingwer und 2 Minuten anbraten. Knoblauch einrühren und 1 Minute garen. Er soll nicht braun werden, sondern nur Aroma abgeben. Alles aus dem Öl heben, zu Pilzen, Garnelen und Schinken geben.

6. In einem anderen Topf das Einweichwasser von Pilzen und Garnelen mit dem restlichen Wein, Austernsauce, Sojasauce, Fischsauce, Zucker und Pfeffer vermischen. Erhitzen und kochen lassen, bis die Hälfte der Flüssigkeit einreduziert ist. Mit den Zutaten aus der Schüssel zusammenfügen und ins Öl einrühren. Erhitzen, bis es Blasen zu werfen beginnt, dann den Topf vom Herd nehmen und Zwiebel-Knusperöl und Chiliflocken hinzufügen.

7. Die Sauce abkühlen lassen und dann in saubere Gläser füllen. Gut verschließen und bis zu 6 Monate im Kühlschrank aufbewahren. Wenn man etwas davon verwendet, immer einen sauberen Löffel benutzen, dann hält sie sich länger.

Zwiebel-Knusperöl

400 ML ~ 40 MINUTEN

Von allen Rezepten in diesem Buch mache ich zweifellos dieses hier am häufigsten. Der Grund dafür ist einfach: Das Öl mit den Schalotten – die sind feiner im Geschmack als Speisezwiebeln – ist extrem lecker, passt zu allem und ist schnell verbraucht. Glaub mir, Du wirst Dir wünschen, Du hättest gleich die doppelte Portion gemacht. Gib das aromatische Öl mit den Schalotten auf Dein Essen, und es schmeckt gleich doppelt so gut.

ZUTATEN:

250 g Schalotten
8 Knoblauchzehen
400 ml Rapsöl

SO WIRD'S GEMACHT:

1. Schalotten und Knoblauch jeweils in dünne Scheiben schneiden.

2. Das Öl in einem Topf auf 160 °C erhitzen. Wenn Du kein Thermometer hast, kannst Du die Hitze kontrollieren, indem Du ein Holzstäbchen hineinhältst: Bilden sich viele Blasen um das Stäbchen, ist das Öl heiß genug.

3. Die Schalotten zuerst in das Öl geben und frittieren, dabei die Temperatur gleichmäßig halten. Der Knoblauch wird viel schneller fertig, deshalb erst später hinzufügen.

4. Nach ungefähr 6 Minuten, wenn die Schalotten gerade ein bisschen Farbe bekommen, ist es Zeit, den Knoblauch hinzuzugeben. Ab und an mit einem Löffel umrühren, sodass nichts am Boden haften bleibt.

5. Wenn die Schalotten goldbraun sind, den Topf von der Platte nehmen. Aufpassen, dass sie nicht verbrennen. Es ist wichtig, daran zu denken, dass sie in der Resthitze noch weitergaren, also den Topf beizeiten vom Herd nehmen. Wenn Öl und Schalotten schnell abgekühlt werden müssen, kann man etwas mehr Öl dazugießen oder den Topf in ein kaltes Wasserbad stellen.

6. Du wirst bemerken, dass die Schalotten anfangs nicht besonders knusprig sind, aber das werden sie, wenn das Öl allmählich abkühlt. Das abgekühlte Öl mit den Zwiebeln in ein sauberes Glas geben, gut verschließen und kühl aufbewahren.

Chili-Knusperöl

1/2 LITER 〰 30 MINUTEN

Ich warne Dich gleich mal vorab: Wenn man, was Essen betrifft, nach etwas süchtig werden kann, dann nach Chili-Knusperöl. So viele Namen ein geliebtes Kind haben kann, genauso viele Verwendungsmöglichkeiten gibt es für dieses unglaubliche Öl. Das Chiliöl ist meiner Meinung nach die asiatische Entsprechung für Ketchup. Ich esse es zu allem. Zusammen mit dem Zwiebel-Knusperöl wird dieses Rezept magisch! Die Verwendung einer Waage und eines Thermometers ist hier von großem Vorteil.

ZUTATEN:

Gewürzmischung:
12 g Szechuanpfeffer
10 g Kreuzkümmelsamen
5 g Fenchelsamen
2 Sternanis
2 ganze schwarze Kardamomkapseln
1 g ganze Gewürznelken
25 g Zucker
20 g Salz
15 g MNG (Mononatriumglutamat)
15 g Chiliflocken (je nach gewünschter Schärfe)

Chili-Knusperöl:
½ l Rapsöl
50 g Chiliflocken (je nach gewünschter Schärfe)
3 EL Gewürzmischung (siehe oben)
100 ml Zwiebel-Knusperöl (siehe links)

SO WIRD'S GEMACHT:

1. Für die Gewürzmischung: Szechuanpfeffer, Kreuzkümmelsamen, Fenchelsamen, Sternanis, Kardamomkapseln und Gewürznelken in einer trockenen, heißen Pfanne bei starker Hitze etwa 3 Minuten rösten.

2. Die gerösteten Zutaten zusammen mit Zucker, Salz, MNG und Chiliflocken im Mixer zerkleinern und mischen oder alles morsern.

3. Für das Chiliöl: Das Rapsöl in einem Topf auf 155 °C erhitzen, den Topf von der Platte nehmen und Chiliflocken hineingeben. 10 Minuten abkühlen lassen. Anschließend 3 EL der Gewürzmischung hinzufügen und umrühren.

4. Wenn das Chiliöl abgekühlt ist, das Zwiebelöl untermischen. In saubere Gläser füllen, gut verschließen und im Küchenschrank aufbewahren.

5. Man kann die Schärfe regulieren, indem man unterschiedliche Chiliflocken verwendet. Für ein milderes Chiliöl empfehle ich koreanische Chiliflocken. Wenn man mehr Schärfe will, kann man ein paar Gramm durch eine schärfere Sorte ersetzen – thailändische Chiliflocken sind beispielsweise richtig scharf. Durch eine Kombination aus koreanischen und thailändischen Chiliflocken kann man sich zu einem Schärfegrad durchtesten, der einem schmeckt.

Kindheitserinnerung

Asiatisches Pflanzenreich auf 70 Quadratmetern

Eine sehr starke Erinnerung aus meiner Kindheit ist der 70 Quadratmeter große Schrebergarten, den meine Eltern ergattern konnten, als wir in einen kleinen Ort in Småland zogen. Er sah anfangs nicht besonders einladend aus: Der Garten hatte mehrere Jahre brach gelegen, und ich erinnere mich, dass es allein schon viel Arbeit war, alles zu jäten und die Erde nutzbar und nährstoffreich zu machen. Ich war damals noch sehr klein und musste deshalb immer mit meinen Eltern zum Schrebergarten, auf meinem kleinen Fahrrad mit orangefarbener Fahne und Stützrädern.

Zu dieser Zeit war es schwierig, an asiatisches Gemüse zu kommen, und die beste Lösung war, selbst welches anzubauen. Genau das taten meine Eltern – sie säten die unterschiedlichsten Gemüsesamen, die sie aus ihrem Heimatland mitgebracht hatten. Es dauerte nicht lange, bis sie einen Schrebergarten hatten, in dem es alle Pflanzen gab, die man sich wünschte.

Neugierig lief ich herum und probierte alles, war wissbegierig und interessiert an allem, was wuchs. Man hat mir erklärt, welches Gemüse und welche Kräuter zu welchen Gerichten passten und welche Gerichte absolut nicht ohne eine bestimmte Kräutersorte auskamen. Der Schrebergarten meiner Eltern mit all dem Gemüse und den Kräutern wurde bald zum Gesprächsthema der Stadt, und viele fuhren hin, um bei uns Gemüse für ihre Familien zu kaufen.

SCHNELLE NUDELN

Not all heroes wear capes. Hier kommen ein paar Alltagshelden, die vor Bedrohungen wie nicht funktionierendem Hirn, knurrendem Magen und schlechter Laune retten. Dieses Kapitel enthält Rezepte, die sich einfach zubereiten lassen, wenn man keine Zeit oder einfach nicht mehr die Kraft hat, etwas Komplizierteres zu kochen.

Saténudeln mit krossen Frühlingszwiebeln

Hier ist meine Version eines klassischen Nudelgerichts aus Shanghai. Das Öl, in dem die Frühlingszwiebeln gebraten werden, wird lecker und aromatisch. Zusammen mit Nudeln, Saté und knusprigem Topping wird es zu einer unglaublich leckeren Mahlzeit für alle Lebenslagen.

ZUTATEN:

1 Portion Instantnudeln ohne Würzmischung
1 Frühlingszwiebel
2 EL Rapsöl
Salz
1 Knoblauchzehe, gepresst
1 EL helle Sojasauce
1 EL dunkle Sojasauce
2 EL Saté (siehe S. 24)

SO WIRD'S GEMACHT:

1. Die Nudeln nach Packungsanweisung oder nach Geschmack al dente kochen. In ein Sieb abgießen und mit kaltem Wasser abschrecken.

2. Die Frühlingszwiebel in einen weißen Teil und einen grünen Teil zerschneiden. Die Teile jeweils der Länge nach in Streifen schneiden.

3. Das Öl bei mittlerer Temperatur in einer Pfanne erhitzen, den weißen Teil der Frühlingszwiebeln hineingeben, knusprig und goldbraun braten. Die Zwiebeln mit Essstäbchen oder einem Schaumlöffel aus der Pfanne heben, in einem Sieb abtropfen lassen und etwas salzen. Dasselbe mit dem grünen Teil wiederholen. Achtung, der grüne Teil ist schneller fertig, er soll nicht verbrennen.

4. Das Öl, das jetzt noch in der Pfanne ist, ist aromatisch und lecker. Auf niedrige Hitze reduzieren, den Knoblauch hineingeben und kurz anbraten. Bevor er Farbe bekommt, helle und dunkle Sojasauce sowie Saté hinzufügen. Die Nudeln in die Pfanne geben und mit der Sauce vermischen. In eine Schüssel füllen und mit den krossen Frühlingszwiebeln bestreuen. Nach Wunsch noch etwas Saté darübergeben.

1 PORTION
20 MINUTEN

Nudeln mit XO-Sauce und Ei

Es gibt nichts Besseres, als Nudeln mit einer luxuriösen XO-Sauce voller Umami und Aromen zu vermischen. Ein bisschen wie bei „Die Schöne und das Biest", mit den Nudeln als Biest und der Sauce als Schöne: Ende gut, alles gut, und sie lebten glücklich bis ans Ende ihrer Tage. Genau wie Du, nachdem Du dieses Gericht entdeckt hast.

ZUTATEN:

1 Portion Instantnudeln ohne Würzmischung
2 Eier
Salz
frisch gemahlener schwarzer Pfeffer
2 EL Rapsöl
1 EL helle Sojasauce
3 EL XO-Sauce (siehe S. 25)
3–4 EL fein gehackte Frühlingszwiebeln

SO WIRD'S GEMACHT:

1. Die Eier in einer Schüssel miteinander verquirlen, eine Prise Salz und Pfeffer hinzufügen.

2. Die Eiermasse bei niedriger Temperatur in einer Pfanne mit 1 EL Rapsöl braten. Wenn sie gerade zu stocken beginnt, vorsichtig mit einem Pfannenwender rühren, sodass größere Stücke entstehen. Das Ei aus der Pfanne nehmen und in eine Schüssel füllen.

3. Die Nudeln nach Packungsanweisung oder nach Geschmack al dente kochen. In ein Sieb abgießen und mit kaltem Wasser abschrecken.

4. 1 EL Rapsöl bei mittlerer Temperatur in einer Pfanne erhitzen. Nudeln, Sojasauce und XO-Sauce hineingeben und vermengen. Eine Minute erhitzen und dann das Ei unterheben.

5. Auf einen Teller oder in eine Schüssel geben, mit Pfeffer und Frühlingszwiebeln bestreuen.

Nudeln mit Miso und Kokosmilch

Dieses leckere Gericht habe ich während meiner Studienzeit sehr oft gegessen. Studentenessen wie Nudeln mit Tomatensauce in allen Ehren, aber ein bisschen Variation muss ja sein, oder? Die Kokosmilch macht die Brühe cremiger, die Misopaste verleiht ihr Tiefe – dazu ein bisschen Schwung durch den Ingwer, der gut zu den Aromen passt. Ein luxuriöseres Studentenessen ist schwer zu finden!

ZUTATEN:

1 Portion Instantnudeln
300 ml Hühnerbrühe (siehe S. 127) oder ½ Brühwürfel mit 300 ml Wasser
100 ml Kokosmilch
1 EL weiße Misopaste
½ Zwiebel, in Scheiben geschnitten
1 Knoblauchzehe, gepresst
½ EL Ingwer, in feine Streifen geschnitten
2 Shiitakepilze, in Scheiben geschnitten
3 Blätter Pak Choi
3–4 EL fein gehackte Frühlingszwiebeln
frisch gemahlener schwarzer Pfeffer

SO WIRD'S GEMACHT:

1. Die Brühe bei mittlerer Temperatur in einem Topf aufkochen, Kokosmilch, Misopaste, Zwiebel, Knoblauch, Ingwer und Shiitakepilze hinzufügen. Die Hitze reduzieren und 5 Minuten sieden lassen.

2. Die Nudeln (ohne Würzmischung) nach Packungsanweisung oder nach Geschmack al dente kochen.

3. Die Pak-Choi-Blätter waschen und 1 Minute vor Ende der Garzeit in den Topf mit den Nudeln geben. Nudeln und Pak Choi in ein Sieb abgießen, abtropfen lassen und in eine Schüssel geben.

4. Die Brühe über die Nudeln und den Pak Choi in die Schüssel gießen und mit Frühlingszwiebeln und Pfeffer bestreuen.

1 PORTION
20 MINUTEN

Sauer-scharfe Instantnudeln

Die Kombination von sauer und scharf ist ein asiatischer Klassiker, der bei den meisten ankommt, und genau das bietet dieses Nudelgericht. Wenn Du den ersten Bissen zu Dir genommen hast, ist sofort klar: Die Welt kann warten, es gibt nur noch Dich und die Schüssel.

ZUTATEN:

- 1 Portion Instantnudeln mit Würzmischung
- 3 Blätter Eisbergsalat
- 2 EL Chinkiang (schwarzer Reisessig)
- 2 EL Chili-Knusperöl (siehe S. 27)
- 1 EL helle Sojasauce
- ½ EL Sesamöl
- 1 EL gehackte Frühlingszwiebeln
- 1 EL gehackter Koriander
- 1 EL Zwiebel-Knusperöl (siehe S. 26)
- frisch gemahlener schwarzer Pfeffer

SO WIRD'S GEMACHT:

1. ½ l Wasser in einem Topf aufkochen und die Nudeln samt Würzmischung hineingeben. Nach Packungsanweisung oder nach Geschmack al dente kochen.

2. Die Salatblätter waschen, in der Mitte durchbrechen und 1 Minute vor Ende der Garzeit in den Topf mit den Nudeln geben.

3. Essig, Chiliöl, Sojasauce und Sesamöl in eine große Schüssel geben und umrühren. Dann Nudeln und Salat zusammen mit dem Kochwasser hineingeben. Mit Frühlingszwiebeln, Koriander, Zwiebelöl und reichlich Pfeffer bestreuen.

Nudeln mit Tomate und Ei

Rührei mit gebratenen Tomaten ist ein Klassiker der chinesischen Küche. Es geht schnell, ist günstig und einfach zu machen, und jede Familie hat ihre eigene Version davon. Normalerweise isst man dieses Gericht mit frisch gekochtem Reis, aber ich finde, es passt mindestens genauso gut zu dampfend heißer Suppe mit Nudeln.

ZUTATEN:

1 Portion Instantnudeln mit Würzmischung
1 EL Rapsöl
1 Knoblauchzehe, fein gehackt
1 Frühlingszwiebel, grüner und weißer Teil getrennt, jeweils fein gehackt
1 Tomate, in Spalten geschnitten
1 EL helle Sojasauce
½ TL Sesamöl
Salz
1 Ei
1 EL Zwiebel-Knusperöl (S. 26)

SO WIRD'S GEMACHT:

1. Die Nudeln nach Packungsanweisung oder nach Geschmack al dente kochen. In ein Sieb abgießen und mit kaltem Wasser abschrecken. Die Würzmischung für später aufheben.

2. Das Rapsöl bei mittlerer Temperatur in einem Topf erhitzen. Knoblauch und den weißen Teil der Frühlingszwiebeln hineingeben und 1 Minute anbraten. Die Tomatenspalten hinzufügen und ein paar Minuten braten, bis sie weich werden und das Öl sich rötlich färbt.

3. 400 ml Wasser, Würzmischung, Sojasauce und Sesamöl hinzufügen. Den Deckel schließen und bei mittlerer Temperatur 2 bis 3 Minuten köcheln lassen, mit Salz abschmecken.

4. Das Ei in einer Schüssel verquirlen. Den Deckel vom Topf nehmen und die Suppe mit einem Löffel langsam kreisförmig umrühren. Das Ei vorsichtig hineingießen und die Platte ausschalten, wenn das Ei gerade zu stocken beginnt.

5. Die Nudeln in eine Schüssel füllen und die Suppe darübergießen. Mit grünen Frühlingszwiebeln bestreuen und mit Zwiebelöl beträufeln.

Kewpie-Nudeln

Ramen mit Mayonnaise sind in Japan nicht ganz ungewöhnlich: Manche finden, die Suppe erinnert an eine füllige Tonkotsu, während andere der Ansicht sind, sie ähnelt einer Carbonara mit Suppe. Dieses Rezept macht es einfach, eine ansonsten ziemlich dünne Nudelsuppe à la Instantnudeln in eine cremige zu verwandeln.

ZUTATEN:

1 Portion Instantnudeln mit Würzmischung
2 Eier
2 EL Kewpie-Mayonnaise
½ Knoblauchzehe, gerieben
3 Champignons, in Scheiben geschnitten
1 TL Butter
3 Scheiben Bacon
3–4 EL fein gehackte Frühlingszwiebeln
1 TL geröstete Sesamsamen

SO WIRD'S GEMACHT:

1. 1 Ei, Mayonnaise, Knoblauch und Würzmischung in einer Portionsschüssel verquirlen.

2. Wasser in einem Topf aufkochen und das zweite Ei hineinlegen, die Temperatur auf mittlere Stufe reduzieren und 7 Minuten kochen. Das Wasser rasch abgießen und das Ei für 5 Minuten in kaltes Wasser legen. Das Ei vorsichtig schälen und halbieren.

3. Die Pilze in Butter goldbraun braten. Danach den Bacon braten, bis er etwas knusprig ist. Die Nudeln in 400 ml Wasser nach Packungsanweisung oder nach Geschmack al dente kochen.

4. Das Nudelwasser nach und nach in die Mayonnaise-Sauce gießen und verquirlen. Die Nudeln dazugeben und mit den Eihälften, Pilzen, Bacon, Frühlingszwiebeln und Sesamsamen garnieren.

1 PORTION
20 MINUTEN

Tofu-Nudeln

Dieses Gericht ist perfekt für heiße Sommertage, an denen man etwas Kühles und Unkompliziertes essen will. Pürierter Seidentofu wird mit Nudeln vermischt und macht das Gericht unglaublich cremig. Mit Tsuyu-Sauce und Sesamöl würzen, noch ein paar andere einfache Zutaten hineingeben, und Du hast vielleicht ein neues Sommergericht.

ZUTATEN:

1 Portion Instantnudeln ohne Würzmischung
½ Packung Seidentofu (à 200 g)
Salz
Zucker
3 EL helle Sojasauce
1 ½ EL vegane Tsuyu-Sauce (Suppenbasis)
1 EL geriebener Ingwer
1 EL Sesamöl
2 EL fein gehackte Frühlingszwiebeln
frisch gemahlener schwarzer Pfeffer

SO WIRD'S GEMACHT:

1. Die Nudeln nach Packungsanweisung oder nach Geschmack al dente kochen. In ein Sieb abgießen und mit kaltem Wasser abschrecken.

2. Die Tofupackung öffnen und die Flüssigkeit ablaufen lassen, mit Küchenpapier leicht abtupfen, um die restliche Flüssigkeit zu entfernen. Den Tofu zusammen mit je einer Prise Salz und Zucker in einem Mixer zu einer cremigen Masse pürieren – bis er aussieht wie eine dickere Mayonnaise.

3. Die Nudeln in einer Schüssel mit dem Tofu vermischen. In einer anderen Schüssel Sojasauce mit Tsuyu-Sauce und Ingwer vermengen. Dann über die Nudeln gießen, mit Sesamöl beträufeln, mit Frühlingszwiebeln und Pfeffer bestreuen und alles gut durchmischen.

1 PORTION
10 MINUTEN

Cheddarnudeln

Dieses Rezept fühlt sich fast zu einfach an, um in diesem Buch stehen zu dürfen, und ich weiß gar nicht, ob man es überhaupt als Rezept bezeichnen kann. Aber ich muss es einfach mit dem Rest der Welt teilen. Käse, Ei und Nudeln – muss man einfach lieben!

ZUTATEN:

1 Portion Instantnudeln mit Würzmischung
1 Ei
2 Scheiben Cheddar
2 EL fein gehackte Frühlingszwiebeln

SO WIRD'S GEMACHT:

1. Die Nudeln mit der Würzmischung in 400 ml Wasser nach Packungsanweisung oder nach Geschmack al dente kochen.

2. Das Ei in einer Schüssel verquirlen. Die Nudeln im Topf mit einem Löffel langsam kreisförmig umrühren, vorsichtig das Ei hineingießen, die Platte ausschalten und 1 Minute sieden lassen.

3. Wenn das Ei gerade zu stocken beginnt, alles in eine Schüssel füllen. Käse und Frühlingszwiebeln darübergeben.

Nudeln mit schwarzer Bohnensauce

Ich liebe fermentierte Lebensmittel, und fermentierte Bohnen haben einen besonderen Platz in meinem Herzen. Sie haben ein unglaubliches Aroma. Vielleicht mag ich sie so sehr, weil sie meine Mutter in meiner Kindheit sehr oft in ihren Gerichten verwendet hat. Aromen von zu Hause sind etwas, das ich manchmal vermisse, und genau das bietet dieses Gericht: ein bisschen Geschmack von zu Hause.

ZUTATEN:

4 Portionen Weizennudeln
1 Handvoll getrocknete Minigarnelen
3 EL Rapsöl
2 Frühlingszwiebeln, weißer und grüner Teil getrennt, jeweils fein gehackt
2 Schalotten, fein gehackt
2 Knoblauchzehen, fein gehackt
6 Shiitakepilze, in Scheiben geschnitten
3 EL schwarze Bohnensauce
4 EL Zwiebel-Knusperöl (siehe S. 26)
2 Handvoll fein gehackter Koriander
Röstzwiebeln
frisch gemahlener schwarzer Pfeffer

SO WIRD'S GEMACHT:

1. Die Minigarnelen 20 Minuten in einer Schüssel mit Wasser einweichen. Abseihen und fein hacken.

2. Das Öl bei mittlerer Temperatur in einer Pfanne erhitzen. Zuerst die weißen Frühlingszwiebeln, die Schalotten, den Knoblauch und die Pilze 2 Minuten braten. Darauf achten, dass nichts verbrennt.

3. Die Minigarnelen und die Bohnensauce dazugeben und weitere 2 Minuten braten. 50 ml Wasser hinzufügen und 2 Minuten kochen lassen.

4. Die Nudeln nach Packungsanweisung oder nach Geschmack al dente kochen. In ein Sieb abgießen und auf vier Essschüsseln verteilen. Sauce und 1 EL Zwiebelöl in jede Schüssel geben und gut mit den Nudeln vermischen. Mit Frühlingszwiebelgrün, Koriander, Röstzwiebeln und Pfeffer bestreuen.

Kuan-Miao-Nudeln mit Teriyaki-Hackfleisch und Pak Choi

Hast Du die Teriyaki-Sauce aus dem ersten Kapitel gemacht? Gut! Denn dann kannst Du sie in diesem einfachen und schnellen Rezept verwenden. Ich habe dafür Rindfleisch genommen, aber man kann im Prinzip jede Proteinquelle verwenden. Die Nudeln im Gericht werden mit einer einreduzierten Teriyaki-Sauce vermischt: die bestmögliche Mischung aus süß, salzig und cremig.

ZUTATEN:

2 Portionen Kuan-Miao-Nudeln
1 Pak Choi
2 EL Rapsöl
½ Zwiebel, in Scheiben geschnitten
1 Knoblauchzehe, fein gehackt
1 EL geriebener Ingwer
100 g Rinderhackfleisch
50 ml Teriyaki-Sauce
1 EL Chinkiang (schwarzer Reisessig)
frisch gemahlener schwarzer Pfeffer
eventuell Kewpie-Mayonnaise

SO WIRD'S GEMACHT:

1. Wasser in einem Topf aufkochen. Die Pak-Choi-Blätter ablösen und der Länge nach halbieren. Die Blätter 1 Minute kochen und in einem Sieb abtropfen lassen.

2. Die Nudeln nach Packungsanweisung oder nach Geschmack al dente kochen. In ein Sieb abgießen und mit kaltem Wasser abschrecken.

3. Das Rapsöl bei mittlerer Temperatur in einer Pfanne erhitzen. Zwiebel, Knoblauch und Ingwer zusammen mit dem Hackfleisch hineingeben. Anbraten, bis das Fleisch Farbe bekommt. Teriyaki-Sauce und Essig hinzufügen, die Temperatur auf niedrige bis mittlere Stufe reduzieren und die Flüssigkeit köcheln lassen. Die Sauce soll ein bisschen einreduzieren und eine etwas dickere Konsistenz bekommen.

4. Die Nudeln untermischen, wenn die Sauce fertig einreduziert ist. Auf zwei Essschüsseln verteilen und Pak Choi sowie reichlich Pfeffer darübergeben. Es ist auch sehr lecker, das Ganze mit etwas Kewpie-Mayonnaise zu beträufeln.

FRISCHE KRÄUTER UND GEMÜSE

FRÜHLINGSZWIEBEL

Frühlingszwiebeln werden im Bund verkauft und haben einen milden Geschmack. Man kann sie sowohl roh als auch gegart verwenden, beispielsweise als Topping für Wokgerichte und Brühen.

KORIANDER

Der Geschmack kann als eine Spur grasig mit einem distinkten Aroma beschrieben werden. Wird oft zum Bestreuen verwendet. Die Welt wäre nur halb so schön ohne Koriander, und wenn Du mich fragst – ich könnte ihn über alles streuen.

THAI-BASILIKUM

Dieses Kraut ist ein fantastisches Würzmittel, eine Spur süß und aromatisch, mit einer Lakritznote im Hintergrund. Es passt gut zu Gerichten, die nach Sojasauce, Zitrone und Knoblauch schmecken. Die Blätter werden abgepflückt und schmecken frisch am besten. Deshalb erst kurz vor dem Servieren hinzufügen.

BOHNENSPROSSEN

Mungbohnensprossen sind eine klassische und häufig vorkommende Zutat in vielen asiatischen Küchen. Ihr Geschmack ist mild und fein, ähnlich dem von Zuckererbsen, die Konsistenz ist knackig. Man kann sie sowohl gegart als auch roh essen.

PAK CHOI

Dieses Gemüse gehört zur Kohlfamilie. Es hat knackige Blätter und Stängel, der Geschmack ist eine Mischung aus Kohl und Spinat. Jungen Pak Choi kann man roh essen, aber er schmeckt am besten, wenn er kurz gegart wird.

MEXIKANISCHER KORIANDER

Wird auch Langer Koriander genannt, der vietnamesische Name ist Ngo Gai. Er erinnert an den Koriander, an den wir gewöhnt sind, ist aber intensiver, mit Noten von Zitrusfrüchten und Gras. Mexikanischer Koriander wird oft in der vietnamesischen Küche verwendet. Er verleiht Frische und balanciert Gerichte aus, die ansonsten sehr intensiv schmecken, beispielsweise scharfe fermentierte Aromen.

Kindheitserinnerung

Welche Gurke ist am knackigsten?

Schon in meiner Kindheit haben meine Eltern mich und meine Geschwister darauf gedrillt, die besten frischen Zutaten im Supermarkt zu finden. Jedes Mal, wenn wir in der Gemüse- oder Fleischabteilung herumliefen, gab es große Vorträge. Wie findet man Zitronen, die eine dünnere Schale und damit mehr Fruchtfleisch haben, welche ist die knackigste Gurke, welches Stück Schweinebauch ist das beste (Antwort: eines mit mindestens drei verschiedenen Schichten Fett und Fleisch). Vorträge, die heute einen Wissensschatz bilden, den ich bei jedem Einkauf mit mir trage. Manchmal stehe ich lange bei den Zitronen, um die beste zu finden, und gleichzeitig frage ich mich, was andere denken, wenn sie mich dabei beobachten, wie ich sorgfältig einzelne Früchte in die Hand nehme, vergleiche und wieder zurücklege – denn eine Zitrone ist doch wohl eine Zitrone?

WENIGER

SCHNELLE NUDELN

In diesem Kapitel findest Du Rezepte, die eine etwas längere Zubereitungszeit brauchen als die vorherigen. Es enthält klassische und weniger klassische Gerichte. Die Rezepte haben eine Sache gemeinsam, und zwar, dass sie ohne Brühe auskommen. Sie passen perfekt für Gelegenheiten, in denen man weder die Zeit noch die Kraft findet, eine Brühe zu kochen, aber trotzdem Lust auf ein leckeres asiatisches Nudelgericht hat. Mit aromatischen Saucen, Würzmitteln und anderen Geschmackshighlights wird jede Schüssel Nudeln garantiert ein Erfolg.

4 PORTIONEN
40 MINUTEN
(+ 2 STUNDEN GEFRIERZEIT)

Beef Chow Fun

Beef Chow Fun ist ein unglaublich populäres kantonesisches Wokgericht. Ich bin jedes Mal überglücklich, wenn es auf der Speisekarte eines Restaurants steht. Die breiten Reisbandnudeln werden mit einer herrlichen Sauce, zartem, saftigem Rindfleisch, knackigen Bohnensprossen und anderen leckeren Zutaten im Wok zubereitet.

ZUTATEN:

450 g breite Reisbandnudeln
300 g Flanksteak, am besten halbgefroren
3 Handvoll Mungbohnensprossen
3 Frühlingszwiebeln
5 EL Rapsöl
½ Zwiebel, in Scheiben geschnitten
1 TL Sesamöl
frisch gemahlener schwarzer Pfeffer

Marinade:
1 TL Backpulver
1 EL Maisstärke
1 EL Austernsauce
1 EL helle Sojasauce
½ TL frisch gemahlener weißer Pfeffer
1 TL Shaoxing-Wein (chinesischer Reiswein), Sake oder anderer Kochwein
1 TL Zucker

Sauce:
1 EL helle Sojasauce
1 EL Austernsauce

SO WIRD'S GEMACHT:

1. Das Flanksteak in dünne Scheiben schneiden. Am einfachsten geht das, wenn das Fleisch halbgefroren ist, dann ist es solider und leichter zu verarbeiten. Dafür das Fleisch vor dem Schneiden 2 Stunden in den Gefrierschrank legen.

2. Die Fleischscheiben 15 Minuten in einer Schüssel mit lauwarmem Wasser einweichen. So soll das Myoglobin aus dem Fleisch ziehen, das Protein, das es rot macht. Auf diese Art wird das Fleisch geschmackvoller und ist einfacher zuzubereiten. In ein Sieb abgießen und abtropfen lassen.

3. Die Nudeln in eine große Schüssel geben. Reichlich Wasser aufkochen, über die Nudeln gießen, sodass alle bedeckt sind, und einen Deckel oder Ähnliches auflegen. Die Nudeln 10 bis 15 Minuten stehen lassen und vorsichtig voneinander separieren. Wenn sie beginnen weich zu werden, probiere eine Nudel: Sie sollte so biegsam sein, dass man sie um den Finger wickeln kann, und angenehm bissfest, al dente. Die Nudeln in ein Sieb abgießen und mit kaltem Wasser abschrecken.

4. Die Bohnensprossen abbrausen und abtropfen lassen. Die Frühlingszwiebeln in weiße und grüne Teile zerschneiden. Die weißen der Länge nach halbieren. Die grünen in grobe Stücke schneiden.

5. Alle Zutaten für die Marinade mit 2 EL Wasser in einer Schüssel verrühren, bis sich der Zucker aufgelöst hat. Das Fleisch hineinlegen, mit der Marinade vermischen und 5 Minuten stehen lassen.

6. Helle Sojasauce und Austernsauce in einer kleinen Schüssel miteinander verrühren.

7. 1 EL Rapsöl unter das marinierte Fleisch mischen. Einen Wok auf höchster Stufe erhitzen und 3 EL Rapsöl hineingeben, wenn er richtig heiß ist. Das Fleisch 1 Minute braten, aus dem Wok nehmen und in eine Schüssel legen.

8. 1 EL Rapsöl in den Wok geben. Zwiebel und weiße Frühlingszwiebeln bei hoher Temperatur 30 Sekunden anbraten, sodass die Aromen austreten. Nudeln hinzufügen und vorsichtig rühren, sodass sie nicht reißen. Zwei Essstäbchen in jeder Hand sind gut zum Rühren. Nudeln 2 Minuten anbraten, dann die Sauce dazugeben und 1 Minute weitergaren. Grüne Frühlingszwiebeln und Bohnensprossen hinzugeben und 30 Sekunden garen. Fleisch unterheben und alles 1 Minute garen, den Herd ausschalten und Sesamöl hinzufügen. In eine Schale geben, mit Pfeffer bestreuen.

4 PORTIONEN
30 MINUTEN
(+ 30 MINUTEN EINWEICHZEIT)

Yakisoba

Dieses Gericht war zigmal meine Rettung in der Studienzeit, als ich notorisch pleite, nicht selten verkatert und ständig hungrig war. Es ist unglaublich einfach zu machen, und es gibt kein Richtig oder Falsch, was die Zutaten betrifft – mit anderen Worten: eine perfekte Gelegenheit, um im Kühlschrank auszumisten. Nimm die Nudeln und Gemüsesorten, die gerade da sind, bereite sie mit der einfachen Sauce zu, und leg obendrauf ein gebratenes Speigelei oder andere leckere Dinge, auf die Du gerade Lust hast.

ZUTATEN:

4 Portionen Eiernudeln
6 getrocknete Shiitakepilze
4 Blätter Chinakohl
3 EL Rapsöl
½ Zwiebel, in Scheiben geschnitten
2 Knoblauchzehen, in Scheiben geschnitten

Sauce:
1 EL Sesamöl
2 EL helle Sojasauce
1 EL dunkle Sojasauce
1 EL Austernsauce
1 EL Sake (oder anderer Kochwein)
1 EL Fischsauce

Toppings:
4 Eier
Katsuobushi (Bonitoflocken)
Aonori (getrocknete grüne Algen) oder Algenchips
frisch gemahlener schwarzer Pfeffer

SO WIRD'S GEMACHT:

1. Die Pilze 30 Minuten in einer Schüssel mit Wasser einweichen. Die Chinakohlblätter waschen. Zuerst längs halbieren und dann in 3 cm breite Stücke schneiden.

2. Die Nudeln nach Packungsanweisung oder nach Geschmack al dente kochen. Abgießen und mit kaltem Wasser abschrecken.

3. Alle Zutaten für die Sauce zusammen mit 50 ml von dem Einweichwasser der Pilze in einer Schüssel vermengen. Die Pilze in Scheiben schneiden.

4. Das Rapsöl bei mittlerer Temperatur in einem Wok erhitzen. Zwiebel und Knoblauch 2 Minuten braten, dann Pilze und Chinakohl dazugeben und 2 Minuten braten. Die Nudeln hinzufügen und alles nochmals 2 Minuten braten. Die Nudeln und die übrigen Zutaten sollten angeröstet sein, das gibt einen guten Geschmack – aber Vorsicht, dass nichts verbrennt.

5. Die Sauce hineingeben, wenn die Zutaten im Wok schön angeröstet sind. Alles vermischen und bei niedriger Temperatur 1 Minute etwas einreduzieren.

6. Die Spiegeleier in etwas Rapsöl in einer Pfanne braten. Die Nudeln auf vier Schüsseln verteilen, jeweils mit einem Ei belegen und mit Katsuobushi, Aonori und Pfeffer bestreuen.

4 PORTIONEN
30 MINUTEN
(+ 1 STUNDE EINWEICHZEIT)

Knusprige Chinkiang-Rollen

Diese Rollen habe ich zufällig erfunden, unwissend, dass Rice Flakes nach dem Kochen keine Blättchen mehr sind, sondern Rollen. Zu meiner Überraschung waren sie in ihrer neuen Form ein perfektes Transportmittel für die Sauce und die übrigen Zutaten. Fermentierte Bohnen, die kraftvoll im Geschmack sind, sowie aromatische Saucen wie Doubanjiang und Zwiebel-Knusperöl machen das Gericht zu einem echten Erlebnis.

ZUTATEN:

1 Packung Rice Flakes (Reisblättchen, à 230 g)
5 EL Douchi (fermentierte Bohnen)
2 EL Rapsöl
2 Frühlingszwiebeln, weißer und grüner Teil getrennt, fein gehackt
2 Knoblauchzehen, fein gehackt
4 EL Chili-Knusperöl (siehe S. 27)
1 EL Doubanjiang (fermentierte Dicke Bohnen)
3 EL Shaoxing-Wein (chinesischer Reiswein) oder Sake
½ Gurke, in feine Streifen geschnitten
1 Handvoll Röstzwiebeln

Sauce:
3 EL Chili-Knusperöl (siehe S. 27)
2 EL Zwiebel-Knusperöl (siehe S. 26)
2 EL helle Sojasauce
2 TL Sesamöl
1 EL Chinkiang (schwarzer Reisessig)

SO WIRD'S GEMACHT:

1. Douchi für 1 Stunde in lauwarmem Wasser einweichen. Das Wasser abgießen und die Bohnen mit einer Gabel zerdrücken.

2. Die Reisblättchen 4 bis 5 Minuten oder nach Geschmack al dente kochen, in ein Sieb abgießen. Die Blättchen haben sich jetzt eingerollt. Mit reichlich kaltem Wasser abschrecken, um die Stärke zu entfernen, damit die Rollen nicht zusammenkleben. Was zusammenklebt, voneinander trennen.

3. Das Öl in einer Pfanne auf mittlere Temperatur erhitzen. Weiße Frühlingszwiebeln, Knoblauch und Douchi hineingeben und 20 Sekunden anbraten, damit die Aromen austreten. Chiliöl, Doubanjiang und zum Abschluss den Wein hinzufügen. Etwa 1 Minute anbraten. In eine große Schüssel füllen und mit den Reisrollen vermischen.

4. Alle Zutaten für die Sauce in einer Schüssel vermengen. Zusammen mit den Gurkenstreifen in die Schüssel mit den Reisrollen geben und vermischen.

5. In Essschüsseln verteilen und mit den grünen Frühlingszwiebeln und Röstzwiebeln bestreuen. Nach Belieben mit Chiliöl beträufeln.

4 PORTIONEN
1 STUNDE
(+1 STUNDE EINWEICHZEIT)

Mapo Tofu Mian

Mapo Tofu ist eines der populärsten Gerichte Chinas. Durch den Szechuanpfeffer, der chinesisch meistens als „málà" („betäubend scharf") beschrieben wird, ist es heftig scharf. Aber lass Dich nicht abschrecken: Die richtige Menge „málà" in Zusammenspiel mit anderen aromatischen Komponenten schafft eine Kombination, die Du so lieben wirst, dass Du gar nicht mehr aufhören willst zu essen. Traditionell isst man Mapo Tofu zusammen mit Reis, aber ich habe das Rezept etwas abgewandelt, sodass es genauso gut zu Nudeln passt.

ZUTATEN:

4 Portionen Weizennudeln
2 EL Douchi (fermentierte Bohnen)
600 g fester Tofu
2 EL Szechuanpfeffer
4 EL Rapsöl
200 g Rinderhackfleisch
4 EL Doubanjiang
(fermentierte Dicke Bohnen)
4 Knoblauchzehen, fein gehackt
1 EL fein gehackter Ingwer
6 Frühlingszwiebeln,
in 5 cm lange Stücke geschnitten
Salz
Zucker
1 TL Maisstärke

Toppings:
1 Handvoll fein gehackter Koriander
frisch gemahlener schwarzer Pfeffer
eventuell Szechuanpfeffer

SO WIRD'S GEMACHT:

1. Douchi für 1 Stunde in Wasser einweichen. Das Wasser abgießen.

2. In einem Topf etwa 800 ml Wasser mit 1 TL Salz erhitzen, bis es gerade siedet. Den Tofu in etwa 2 cm große Würfel schneiden, ins Wasser geben und 15 Minuten sieden lassen.

3. Eine trockene Pfanne erhitzen und den Szechuanpfeffer 1 bis 2 Minuten rösten. In eine Gewürzmühle oder einen Mörser geben und grob mahlen.

4. 2 EL Öl in einem Wok oder einer tieferen Pfanne erhitzen. Das Rinderhackfleisch mit 1 EL Szechuanpfeffer braten, bis es angebräunt ist. Aus der Pfanne in eine Schüssel umfüllen und beiseitestellen.

5. Das restliche Öl in den Wok geben und das Doubanjiang darin braten, bis das Öl eine rötliche Farbe bekommt. Douchi, Knoblauch und Ingwer hinzufügen und etwa 1 Minute braten.

6. Den Tofu abseihen und zusammen mit 400 ml Wasser in den Wok geben. Vorsichtig umrühren, sodass der Tofu nicht kaputt geht, und erhitzen, bis es zu sieden beginnt. Hackfleisch und Frühlingszwiebeln hinzufügen, 5 Minuten köcheln lassen, bis die Frühlingszwiebeln etwas weich geworden sind. Mit Salz und Zucker abschmecken. Wenn es zu salzig ist, mehr Zucker dazugeben.

7. Die Maisstärke in einer Schüssel mit 2 EL Wasser vermischen. Die Mischung nach und nach in den Wok geben, um eine gute Konsistenz zu erhalten. Die Sauce sollte nicht wässrig sein, aber auch nicht zu dick.

8. Die Nudeln nach Packungsanweisung oder nach Geschmack al dente kochen. In ein Sieb abgießen und in Essschüsseln verteilen. Die gewünschte Menge Mapo Tofu daraufgeben und mit Koriander, schwarzem Pfeffer und nach Wunsch mehr Szechuanpfeffer bestreuen. Sei am Anfang lieber vorsichtig, es ist besser, die Menge Szechuanpfeffer nach und nach zu erhöhen.

SO FALTET MAN WANTANS

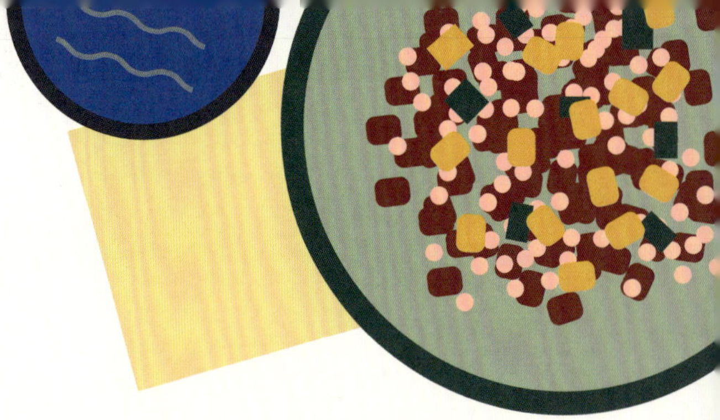

Schritt 1:
Füllung, Wantanblätter und eine Schüssel mit Wasser bereitstellen.

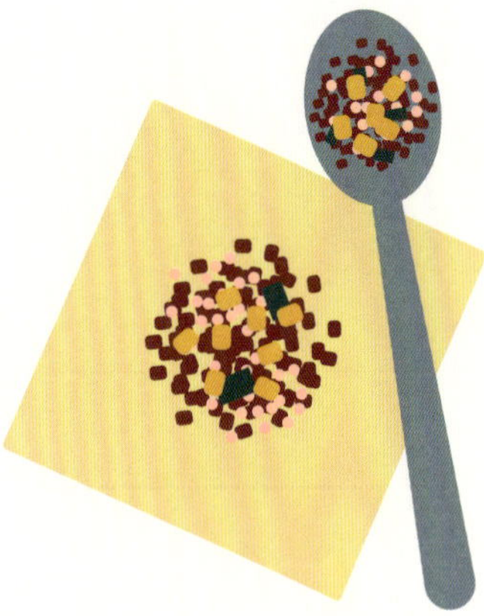

Schritt 2:
Ein Wantanblatt in die Hand nehmen und einen Teelöffel Füllung in die Mitte geben.

Schritt 3:
Einen Finger ins Wasser tauchen und alle Ränder des Blattes befeuchten.

Schritt 4:
Eine Ecke diagonal über die Füllung falten, sodass ein Dreieck entsteht. Die Kanten fest zusammendrücken und damit die Füllung ins Blatt einschließen.

Schritt 5:
Die beiden unteren Ecken mit der Spitze des Teigbündels zusammenführen.

SO FALTET MAN CHA GIO

Schritt 1:
Füllung, Frühlingsrollenblätter und einen Teller bereitstellen. In einer Schüssel 100 ml Wasser mit 2 EL Weizenmehl vermischen.

Schritt 2:
Ein Teigblatt so auf den Teller legen, dass eine Ecke auf dich zeigt. Von der Ecke aus ein Drittel des Blattes nach oben falten.

Schritt 3:
Etwa 3 EL Füllung am unteren Rand entlang auf das Blatt geben.

Schritt 4:
Die linke Ecke nach rechts falten, sodass der Teig zwei Drittel der Füllung bedeckt. Die rechte Ecke nach links falten, sodass der Teig die restliche Füllung bedeckt. Einen Finger in die Wasser-Mehl-Mischung tauchen und die Ränder des Blattes von links nach rechts befeuchten.

Schritt 5:
Die Frühlingsrolle von unten zur oberen Ecke hin zusammenrollen. Gut straffen, sodass die Rolle eng und fest wird (das verringert das Risiko, dass die Füllung beim Frittieren ausläuft).

4 PORTIONEN
1 STUNDE
(+ 30 MINUTEN KÜHLZEIT)

Wantans in Chili-Knusperöl

Leckere, seidenweiche, gut gefüllte Wantans sind schwer zu toppen. Das kantonesische Wort „Wantan" bedeutet auf Deutsch „Wolken schlucken", und man versteht sofort, dass es einfach herrlich sein muss, sie zu essen. Wenn man sie dann noch in einer guten Sauce baden lässt, dann kann ich versprechen, dass man nicht nur Wolken schluckt – man schwebt auf ihnen!

ZUTATEN:

Wantans:
1 Packung Wantanblätter (à 200 g)
150 g rohe Vannamei-Garnelen (geschält)
1 EL + 3 EL Maisstärke
½ TL + 1 TL frisch gemahlener weißer Pfeffer
1 TL Salz
1 TL Zucker
1 EL Austernsauce
1 EL Sesamöl
300 g Schweinehackfleisch
2 Handvoll fein gehackte Frühlingszwiebeln

Sauce:
3 EL Chili-Knusperöl (siehe S. 27)
2 EL Zwiebel-Knusperöl (siehe S. 26)
2 EL helle Sojasauce
2 TL Sesamöl
1 EL Chinkiang (schwarzer Reisessig)

Außerdem:
4 Handvoll Mungbohnensprossen
1 Handvoll fein gehackte Frühlingszwiebeln
1 Handvoll fein gehackter Koriander

SO WIRD'S GEMACHT:

1. Die Garnelen mit reichlich Wasser abbrausen und abtropfen lassen. Falls nötig, am Rücken entlang (nicht zu tief) einschneiden und den Darm entfernen. Die Garnelen in etwa ½ cm große Stücke schneiden, in eine Schüssel geben und mit 1 EL Maisstärke und ½ TL Pfeffer vermengen.

2. 3 EL Maisstärke, 1 TL Pfeffer, Salz, Zucker, Austernsauce, Sesamöl und 2 EL Wasser in einer großen Schüssel vermischen. Schweinehack, Garnelen und Frühlingszwiebeln hineingeben und gut vermengen. Die Schüssel mit Frischhaltefolie bedecken und für etwa 30 Minuten in den Kühlschrank stellen.

3. Eine kleine Schüssel mit Wasser füllen, Füllung und Wantanblätter bereitstellen. Ein Blatt in die Hand nehmen und einen Teelöffel Füllung daraufgeben. Einen Finger ins Wasser tauchen und den Rand des Blattes vollständig befeuchten. Eine Ecke diagonal zur gegenüberliegenden hin falten und die Ränder fest zusammendrücken, sodass die Füllung eingeschlossen wird. Die beiden unteren Ecken nach oben zur Spitze des Teigbündels führen (siehe Abbildung auf Seite 66). Pro Person 10 bis 12 Wantans falten.

4. In einem großen Topf reichlich Wasser aufkochen, es ist wichtig, dass die Wantans beim Kochen herumschwimmen können. Lieber in zwei Fuhren kochen als alles auf einmal. Wenn die Teigtaschen an die Oberfläche kommen, sind sie fertig, das dauert 4 bis 5 Minuten. Mit einem Schaumlöffel aus dem Topf heben und in einem Sieb abtropfen lassen.

5. Die Zutaten für die Sauce in einer Schüssel vermischen. In einem Topf Wasser aufkochen, die Mungbohnensprossen hineingeben und 1 Minute kochen lassen. In ein Sieb abgießen.

6. Die Teigtaschen in eine große Schüssel füllen, Sauce und Mungbohnensprossen hinzufügen und vermischen. Alles in Essschüsseln oder tiefen Tellern verteilen, dann mit Frühlingszwiebeln und Koriander bestreuen.

4 PORTIONEN
40 MINUTEN
(+ ZEIT FÜRS MARINIEREN
UND CHA GIO)

Bun Cha Gio mit Schweinebauch und Zitronengras

Dieses klassische vietnamesische Gericht machen wir in meiner Familie vor allem im Sommer. Ich verbinde das Gericht mit feierlichen Anlässen. Es hat viele herrliche Komponenten und Aromen, die besonders gut zum Sommer passen. Die Nudeln sind lauwarm, das Fleisch grillen wir am Spieß über Kohlen, die Kräuter sind frisch und intensiv. Zusammen mit einem herrlich säuerlichen Dressing, frittierten Frühlingsrollen und knackigem Gemüse ist das Ganze ein kleines Festessen.

*Das Gericht schmeckt in den anderen Jahreszeiten natürlich genauso gut und das Fleisch kann anstatt auf dem Grill auch im Wok oder in der Pfanne gegart werden.
Die Frühlingsrollen macht man am besten am Vortag.*

ZUTATEN:

200 g dünne Reisnudeln
500 g Schweinebauch (Flanke)
8 Cha Gio (siehe S. 73)
1 EL Rapsöl
½ Gurke, in feine Streifen geschnitten
6 Blätter Eisbergsalat, in Streifen geschnitten
1 Handvoll fein gehackter Koriander
1 Handvoll Thai-Basilikum-Blätter
Zwiebel-Knusperöl (siehe S. 26)
geröstete Erdnüsse, grob gehackt

Marinade:
½ TL Zucker
1 EL geriebener Ingwer
2 Knoblauchzehen, gepresst
2 Stängel Zitronengras, fein gehackt
2 EL Fischsauce
2 EL Rapsöl
½ TL frisch gemahlener schwarzer Pfeffer

Dressing:
3 EL Fischsauce
3 EL Zucker
4 Limetten, ausgepresster Saft
1 TL fein gehackte Chilischoten (entkernt)
1 Knoblauchzehe, gerieben

SO WIRD'S GEMACHT:

1. Die Schwarte vom Schweinebauch entfernen und das Fleisch in dünne Scheiben schneiden. Zusammen mit den Zutaten für die Marinade in eine Schüssel geben, vermischen und mit Frischhaltefolie abdecken. Vor der Zubereitung für mindestens 1½ Stunden in den Kühlschrank stellen. Je länger, desto besser, am besten über Nacht.

2. Cha Gio machen, während das Fleisch mariniert.

   Die Zutaten für das Dressing zusammen mit 300 ml Wasser in eine Schüssel geben und rühren, bis der Zucker sich aufgelöst hat. Abschmecken und entsprechend mehr Fischsauce für Salz, mehr Limettensaft für Säure und mehr Zucker für Süße zufügen. In den Kühlschrank stellen.

3. Die Nudeln in eine große Schüssel geben. Reichlich Wasser aufkochen, über die Nudeln gießen, sodass alle bedeckt sind, und einen Deckel oder Ähnliches auflegen. Die Nudeln 10 bis 15 Minuten stehen lassen und vorsichtig voneinander separieren. Wenn sie beginnen weich zu werden, probiere eine Nudel: Sie sollte so biegsam sein, dass man sie um den Finger wickeln kann, und angenehm bissfest, al dente. Die Nudeln in ein Sieb abgießen und mit kaltem Wasser abschrecken.

4. Den Schweinebauch in einer heißen Pfanne mit Rapsöl bei hoher Temperatur 5 Minuten braten.

5. Die Nudeln in tiefe Teller verteilen und Fleisch, halbierte Cha Gio, Gurke, Salat, Koriander, Thai-Basilikum, Zwiebelöl, Erdnüsse und 50 ml Dressing pro Teller darübergeben.

CA. 20 FRÜHLINGSROLLEN
1 STUNDE
(+ 30 MINUTEN EINWEICHZEIT)

Cha Gio

Ich liebe Frittiertes! Das Knusprige und die Aromen, die bei dieser Art der Zubereitung entstehen, sind einfach etwas Besonderes. Cha Gio sind Frühlingsrollen aus Vietnam, und genau wie bei vielen anderen Gerichten von dort gibt es eine Menge unterschiedlicher Varianten.

Dieses Rezept ist die Version meiner Mutter, in der sie Hackfleisch, Krabben, Judasohren, Glasnudeln und Mairüben als Füllung verwendet. Die Frühlingsrollenblätter, die verwendet werden, sind aus Weizenmehl anstatt aus dem traditionellen Reismehl gemacht. Frühlingsrollen aus Reismehl haben die Tendenz, nach einer Weile zäh zu werden, wogegen die aus Weizenmehl länger knusprig bleiben. Perfekt für Bun Cha Gio, siehe Seite 71, aber auch einfach als Snack oder als Beilage.

ZUTATEN:

20 Frühlingsrollenblätter (aus Weizenmehl)
1 Handvoll getrocknete Judasohren
2 Handvoll dünne Glasnudeln
8 rohe Vannamei-Garnelen (ohne Schale)
300 g Schweinehackfleisch
1 Zwiebel, fein gehackt
2 Handvoll geschälte und fein gehackte Mairüben
1 Eigelb
½ EL Salz
½ EL frisch gemahlener schwarzer Pfeffer
½ EL Zucker
½ TL Sesamöl
1 EL Fischsauce
2 EL Weizenmehl zum Falten
Rapsöl zum Frittieren

SO WIRD'S GEMACHT:

1. Die Judasohren in lauwarmem Wasser etwa 30 Minuten einweichen. Abseihen und fein hacken.

2. Die Nudeln in eine große Schüssel geben. Reichlich Wasser aufkochen, über die Nudeln gießen, sodass alle bedeckt sind, und einen Deckel oder Ähnliches auflegen. Die Nudeln 10 bis 15 Minuten stehen lassen und vorsichtig voneinander separieren. Wenn sie beginnen weich zu werden, probiere eine Nudel: Sie sollte so biegsam sein, dass man sie um den Finger wickeln kann, und angenehm bissfest, al dente. Die Nudeln in ein Sieb abgießen und mit kaltem Wasser abschrecken.

3. Die Garnelen mit reichlich Wasser abbrausen und abtropfen lassen. Falls nötig, am Rücken entlang (nicht zu tief) einschneiden und den Darm entfernen. Die Garnelen grob hacken.

4. Pilze, Nudeln, Garnelen, Hackfleisch, Zwiebeln und Mairüben in eine große Schüssel geben.

5. Eigelb, Salz, Pfeffer, Zucker, Sesamöl und Fischsauce dazugeben. Alles mit einem großen Löffel oder mit den Händen gut vermengen.

⟶

6. Zum Abschmecken der Füllung einen Esslöffel davon in etwas Rapsöl in einer Pfanne braten und probieren. Falls die Füllung mehr Geschmack und Salz braucht, noch etwas Fischsauce untermischen.

7. 100 ml Wasser und 2 EL Weizenmehl in einer Schüssel vermischen und bereitstellen. Zum Falten der Frühlingsrollen ein Teigblatt so auf einen Teller legen, dass eine Ecke auf Dich zeigt. Von der Ecke aus ein Drittel des Blattes nach oben falten und 3 EL Füllung am unteren Rand entlang auf das Blatt geben. So justieren, dass die Füllung gleichmäßig verteilt ist (siehe Abbildung auf Seite 67).

8. Die linke Ecke und die rechte Ecke dicht über die Füllung falten, sodass es aussieht wie ein offenes Kuvert. Einen Finger ins Wasser-Mehl-Gemisch tauchen und die Ränder des Blattes von links nach rechts befeuchten. Die Frühlingsrolle von unten zur oberen Ecke hin zusammenrollen. Gut straffen, sodass die Rolle eng und fest wird. Auf diese Art die restlichen Teigblätter füllen und zusammenrollen.

9. Rapsöl in einem Topf auf 140 °C erhitzen. Der Topf sollte mindestens 5 cm hoch gefüllt sein. Wenn Du kein Thermometer hast, kannst Du die Hitze kontrollieren, indem Du ein Holzstäbchen hineinhältst: Bilden sich um das Stäbchen viele Blasen, ist das Öl heiß genug.

10. Nacheinander jeweils ein paar Frühlingsrollen etwa 10 Minuten frittieren, bis sie knusprig und goldbraun sind. Dabei darauf achten, dass das Öl nicht zu heiß wird, und am besten langsam frittieren, damit die Füllung gar wird. Die Rollen auf einem Teller mit Küchenpapier oder auf einem Rost abtropfen lassen.

2 PERSONEN
50 MINUTEN
(+TOMATEN 3 STUNDEN)

Gochujang-Udon mit Ofentomaten und Karaage

Wenn Du mich kennst, dann hast Du vermutlich bemerkt, dass ich frittiertes Hähnchen liebe, und ohne es käme mir ein Kochbuch unvollständig vor. Diese Nudeln sind inspiriert von einem Gericht, das ich in einem Restaurant in Stockholm gegessen habe. Es war so lecker, dass ich weinen musste. Dies ist meine Variante dieses Gerichts mit einem besonders leckeren Topping: gerösteten Cocktailtomaten mit viel Umami und knusprigem Karaage. Übrigens mache ich immer eine richtig große Portion Ofentomaten und bewahre das, was übrig bleibt, für andere Gerichte auf.

ZUTATEN:

2 Portionen Udonnudeln

Ofentomaten:
20 Cocktailtomaten
2 EL Olivenöl
½ TL Salz
½ TL frisch gemahlener schwarzer Pfeffer

Karaage:
200 g Hähnchenschenkel
2 EL helle Sojasauce
1 EL Sake
½ EL Flüssigkeit von geriebenem Ingwer
½ TL Zucker
50 g Maisstärke
Rapsöl zum Frittieren

Außerdem:
25 g Butter
1 Knoblauchzehe, fein gehackt
1 TL fein gehackter Ingwer
1 Handvoll fein gehackte Frühlingszwiebeln
1 EL Gochujang
1 EL Chili-Knusperöl (siehe S. 27)
2 EL Kewpie-Mayonnaise
1 EL Yuzusaft
geröstete Sesamsamen

SO WIRD'S GEMACHT:

1. Für die Ofentomaten: Den Ofen auf 110 °C vorheizen. Die Tomaten halbieren. In einer Schüssel mit Olivenöl beträufeln, salzen, pfeffern und vermischen. Dann mit der Schnittfläche nach oben auf ein mit Backpapier belegtes Backblech legen. Auf der mittleren Schiene 3 Stunden backen.

2. Für die Karaage: 40 Minuten, bevor die Tomaten fertig sind, die Hähnchenschenkel entbeinen und das Fleisch in 5 cm große Stücke schneiden. Sojasauce, Sake, Ingwerflüssigkeit und Zucker in einer Schüssel vermischen. Das Fleisch darin 10 Minuten marinieren.

3. Die Maisstärke in eine große Schüssel geben. Hähnchen nacheinander darin wenden und mit Stärke bedecken. Auf einem Teller ablegen. Wenn alle Stücke fertig sind, 5 Minuten stehen lassen. Das Hähnchen saugt die Maisstärke auf, sodass sich außen eine Schicht bildet, die beim Frittieren knusprig wird.

4. Rapsöl in einem Topf auf 180 °C erhitzen. Der Topf sollte mindestens 5 cm hoch gefüllt sein. Wenn Du kein Thermometer hast, kannst Du die Hitze kontrollieren, indem Du ein Holzstäbchen hineinhältst: Beginnt das Öl um das Stäbchen intensiv zu sprudeln, ist es heiß genug.

5. Das Hähnchen portionsweise frittieren, immer nur ein paar Stücke gleichzeitig, damit die Temperatur des Öls nicht drastisch reduziert wird. Für ein besonders knuspriges Resultat frittiert man die Stücke dreimal: beim ersten Mal 5 Minuten, die anderen beiden Male 2 Minuten. Das frittierte Hähnchen auf einen Teller mit Küchenpapier legen und abtropfen lassen.

6. Die Nudeln nach Packungsanweisung oder nach Geschmack al dente kochen. In ein Sieb abgießen und mit kaltem Wasser abschrecken.

7. Die Butter bei mittlerer Hitze in eine Pfanne geben. Knoblauch, Ingwer und die Hälfte der Frühlingszwiebeln 1 Minute anbraten. Gochujang und Chiliöl hinzufügen und 2 Minuten braten.

8. Die Nudeln in die Pfanne geben, alles schnell und gut vermengen. Auf Essschüsseln verteilen, jeweils mit 1 EL Mayonnaise und ½ EL Yuzusaft vermischen. Ofentomaten, Karaage, Sesamsamen und die restlichen Frühlingszwiebeln darauf verteilen.

Dan-Dan-Nudeln

Dan-Dan-Nudeln sind ein unglaublich populäres szechuanesisches Streetfoodgericht: herrliche Nudeln in einer scharfen Sauce mit kräftigen Aromen, knusprigem Hackfleisch oder Sojahack, grob gehackten Nüssen und Pak Choi. Wenn Du in China in verschiedenen Restaurants Dan-Dan-Nudeln bestellst, wirst Du schnell merken, dass jedes seine eigene Interpretation und Version dieses Gerichts hat. Das hier ist meine.

ZUTATEN:

2 Portionen Weizennudeln
1 Pak Choi
1 EL Rapsöl
100 g Schweinehackfleisch (oder anderes Hack, z. B. Rinderhackfleisch oder Sojahack)
1 EL schwarze Bohnensauce oder Hoisin-Sauce
1 TL dunkle Sojasauce
frisch gemahlener schwarzer Pfeffer
3–4 EL fein gehackte Frühlingszwiebeln
3–4 EL grob gehackte gesalzene, geröstete Erdnüsse
1 Prise frisch gemahlener Szechuanpfeffer
2 EL Chili-Knusperöl (siehe S. 27)

Sauce:
2 EL Sesampaste
1 EL Erdnussbutter
1 Knoblauchzehe, gerieben
2 EL helle Sojasauce
1 EL Chinkiang (schwarzer Reisessig)
1 TL Zucker

SO WIRD'S GEMACHT:

1. Wasser in einem Topf aufkochen. Die Pak-Choi-Blätter vom Strunk lösen und etwa 1 Minute kochen. In ein Sieb abgießen.

2. Die Nudeln nach Packungsanweisung oder nach Geschmack al dente kochen. Bei Ende der Kochzeit 100 ml des Nudelwassers in einer Schüssel beiseitestellen und für die Sauce aufbewahren, dann die Nudeln abgießen und mit kaltem Wasser abschrecken.

3. Für die Sauce: Sesampaste und Erdnussbutter in einer Schüssel mit dem heißen Nudelwasser vermischen. Wenn sich alles aufgelöst hat, die restlichen Zutaten für die Sauce dazugeben und rühren, bis sich der Zucker aufgelöst hat.

4. Das Rapsöl bei mittlerer Temperatur in einer Pfanne erhitzen. Das Hack hineingeben und anfangs braten, ohne umzurühren, damit es eine krosse Oberfläche bekommt. Nach 2 Minuten umrühren und weiter scharf anbraten, sodass es ein bisschen knusprig wird. Die Bohnensauce hinzufügen und 1 Minute braten. 50 ml Wasser, Sojasauce und Pfeffer dazugeben, die Platte ausschalten und 2 Minuten bei Restwärme köcheln lassen.

5. Sauce und Nudeln auf zwei Essschüsseln verteilen und gut vermischen. Hack, Pak Choi, Frühlingszwiebeln und Erdnüsse darübergeben. Für mehr Schärfe noch etwas Szechuanpfeffer und Chiliöl hinzufügen.

Schlürfnudeln mit frittiertem Chilimais

Leckere dicke Nudeln in einer herrlichen Sauce mit Aromen von Doubanjiang, Szechuanpfeffer und Fischsauce. Obendrauf noch Frühlingszwiebeln und frittierter Mais, der ganz knusprig und goldbraun ist. Servietten nicht vergessen, das Kleckerrisiko ist hoch!

ZUTATEN:

4 Portionen Kuan-Miao-Nudeln
6 Schalotten, in dünne Scheiben geschnitten
200 ml Rapsöl
3 Frühlingszwiebeln, grob geschnitten
3 EL Doubanjiang (fermentierte Dicke Bohnen)
100 ml helle Sojasauce
1 EL Chinkiang (schwarzer Reisessig)
2 EL Fischsauce
1 ½ EL Zucker
2 EL frisch gemahlener Szechuanpfeffer
½ TL frisch gemahlener weißer Pfeffer
1 Handvoll fein gehackte Frühlingszwiebeln
Rapsöl zum Frittieren

Frittierter Chilimais:
400 g Mais
3 EL Maisstärke
550 ml kaltes Mineralwasser mit Kohlensäure (oder Bier)
300 g Weizenmehl
3 EL Chili-Knusperöl (siehe S. 27)
2 Eier
½ TL Backpulver
Rapsöl zum Frittieren

SO WIRD'S GEMACHT:

1. Die Schalotten zusammen mit dem Rapsöl in einen Topf geben und frittieren. Hin und wieder mit einem Löffel umrühren, sodass die Zwiebeln nicht am Boden anbrennen.

2. Den Herd ausschalten und den Topf von der Platte nehmen, wenn die Schalotten goldbraun sind. Dabei aufpassen, dass sie nicht anbrennen. Es ist wichtig, daran zu denken, dass sie mit der Restwärme immer noch garen, also den Topf rechtzeitig vom Herd nehmen. Die Schalotten sind anfangs nicht besonders knusprig, werden es aber mit der Zeit, wenn sie abkühlen.

3. 2 El des Öls in einen anderen Topf geben und bei mittlerer Temperatur erhitzen. Die Frühlingszwiebeln hinzufügen und anbraten, bis die Oberflächen goldbraun und die Ränder gerade ein bisschen schwarz geworden sind.

4. Doubanjiang dazugeben und mit den Frühlingszwiebeln 2 Minuten braten. Anschließend alles zusammen mit Sojasauce, Essig, Fischsauce und Zucker in einen Mixer füllen. Szechuanpfeffer, weißen Pfeffer und den Rest des Öls mit den Zwiebeln hinzufügen und zu einer weichen, püreeartigen Sauce mixen.

5. Für den frittierten Mais: Alle Zutaten miteinander vermischen. Rapsöl in einem Topf auf 170 °C erhitzen. Wenn Du kein Thermometer hast, kannst Du die Hitze kontrollieren, indem Du ein Holzstäbchen hineinhältst: Beginnt das Öl um das Stäbchen intensiv zu sprudeln, ist es heiß genug.

6. Portionsweise jeweils ein paar Esslöffel Maisteig in das Öl geben und goldbraun frittieren. Zum Abtropfen auf einen Teller mit Küchenpapier legen.

7. Die Nudeln nach Packungsanweisung oder nach Geschmack al dente kochen. In ein Sieb abgießen und in vier Essschüsseln verteilen. Reichlich Sauce hinzufügen und vermischen. Die benötigte Saucenmenge variiert je nachdem, welche Nudeln verwendet werden. Abschmecken und nach Belieben noch etwas mehr dazugeben.

8. Mit fein gehackten Frühlingszwiebeln und frittiertem Mais bestreuen.

9. Die übrig gebliebene Sauce in ein sauberes Glas füllen, gut verschließen und im Kühlschrank aufbewahren, hält sich 2 Monate.

Chiu Yim Ha

Die Kombination aus geröstetem Salz und geröstetem Pfeffer findet sich in vielen kantonesischen Gerichten, eines davon ist dieses mit knusprig frittierten Garnelen. An jedem Festtag sorgt meine Mutter dafür, dass dieses Gericht auf dem Tisch steht. In der chinesischen Kultur gibt es viele abergläubische Leute (meine Mutter ist eine davon), und Gerichte zu essen, die an positive Worte erinnern, ist bei festlichen Anlässen üblich. Garnelen werden auf Kantonesisch „Haa" ausgesprochen, was an das Geräusch beim Lachen erinnert. Und wer viele Garnelen isst, hat im Leben viel zu lachen. Leckere Garnelen und ein guter Lacher für's Leben? Von mir aus gern!

ZUTATEN:

4 Portionen Eiernudeln
1 TL Salz
1 TL grob gemahlener schwarzer Pfeffer
12 rohe Vannamei-Garnelen (mit Schale)
3–4 EL Maisstärke
800 ml Rapsöl zum Frittieren
2 EL Rapsöl
2 Schalotten, gehackt
½ Zwiebel, fein gehackt
2 große mittelscharfe rote Chilischoten, gehackt
6 Knoblauchzehen, gehackt
2 Handvoll gehackte Frühlingszwiebeln

Sauce:
1 EL Austernsauce
1 EL helle Sojasauce
1 EL Sesamöl
1 EL Zucker

SO WIRD'S GEMACHT:

1. Für die Sauce: Alle Zutaten in einer Schüssel mit 100 ml Wasser vermischen. Rühren, bis sich der Zucker aufgelöst hat.

2. 1 TL Salz in einer heißen, trockenen Pfanne 2 Minuten bei mittlerer Temperatur rösten. Die Platte ausschalten, 1 TL Pfeffer dazugeben und 1 weitere Minute rösten. Achtgeben, dass der Pfeffer nicht verbrennt und bitter wird. In eine Schüssel füllen.

3. Die Garnelen auf beiden Seiten mit etwas Salz bestreuen und 5 Minuten liegen lassen. Anschließend mit Wasser abbrausen und mit Küchenpapier trocken tupfen. Die Beine abschneiden, aber die Schale dranlassen. Die Garnelen vorsichtig mit einem Messer den Rücken entlang einschneiden, falls vorhanden den Darm entfernen. Dann auf beiden Seiten mit Maisstärke bedecken.

4. Das Rapsöl in einem Topf auf 170 °C erhitzen, dabei den Topf 4 cm hoch füllen. Wenn Du kein Thermometer hast, kannst Du die Hitze kontrollieren, indem Du ein Holzstäbchen hineinhältst: Beginnt das Öl um das Stäbchen intensiv zu sprudeln, ist es heiß genug.

5. Die Krabben portionsweise vorsichtig etwa 3 Minuten frittieren, immer einige gleichzeitig. Wenn sie Farbe bekommen und die Schale knusprig ist, sind sie fertig. In einem Sieb oder auf Küchenpapier abtropfen lassen.

6. 2 EL Rapsöl bei mittlerer Temperatur in einer Pfanne erhitzen. Schalotten und Zwiebeln 2 Minuten anbraten, Chili und Knoblauch hinzufügen, 1 Minute anbraten. Die Hälfte der Zwiebel-Chili-Mischung in der Pfanne lassen und die andere Hälfte in eine Schüssel füllen.

7. Die Sauce in die Pfanne geben, bei mittlerer Hitze köcheln lassen und etwas einreduzieren. Die Krabben dazugeben und mit der Sauce vermischen.

8. Die Nudeln nach Packungsanweisung oder nach Geschmack al dente kochen. In ein Sieb abgießen und zusammen mit Garnelen und Sauce in Essschüsseln verteilen.

9. Frühlingszwiebeln, 1 bis 2 Prisen geröstetes Salz und gerösteten Pfeffer sowie die restliche Zwiebel-Chili-Mischung darübergeben.

Kindheitserinnerung

Der China-Bus jeden Freitag um 15 Uhr

In meiner Kindheit taten wir jeden Freitag um 15 Uhr dasselbe. Die ganze Familie begab sich zum Parkplatz neben der Pizzeria, um auf den China-Bus zu warten. Das war ein Bus, dessen Sitze entfernt und durch Regale und Kisten voller asiatischer Produkte und Lebensmittel ersetzt worden waren. Der China-Bus war ein Asia-Supermarkt auf Rädern, der alles hatte. Als Kind war mein Fokus ganz auf Snacks und Süßigkeiten gerichtet, die ich mir erbetteln konnte, wenn ich Glück hatte. Das Höchste waren dabei verschiedene Sorten kleiner Fruchtgelees, von denen Lychee am allerbesten war.

Ich kann die Dankbarkeit meiner Eltern gegenüber dem Betreiber des Busses nur erahnen, der ihnen die Möglichkeit gab, an asiatische Produkte zu kommen, die sie sonst unmöglich hätten auftreiben können. Wenn ich heute in Asia-Supermärkten herumlaufe, denke ich oft nostalgisch an diesen Bus zurück, höre die Geräusche der vielen Leute und rieche die Düfte. Ich bin so dankbar, dass ich eine Kindheit erleben durfte, in der mir unsere Esskultur nahegebracht wurde.

RAMEN

Die kleinen Nudelpackungen, die wir hierzulande oft Instantnudeln nennen, sind eigentlich eine Billigvariante der japanischen Nudelsuppe Ramen, in Japan nennt man sie „Instantramen". Die Suppe, die von dem chinesischen Nudelgericht Lamian abstammt, gibt es erst seit etwas mehr als hundert Jahren. Sie ist relativ jung. Seither sind Unmengen unterschiedlicher Varianten entstanden, und noch heute ist es ein Gericht, mit dem viel experimentiert wird.

Ramen bestehen hauptsächlich aus fünf Komponenten: Brühe, Nudeln, Tare, Öl und Toppings, und jeder Bestandteil kann wiederum auf viele verschiedene Arten variiert werden. Deshalb ist es nicht erstaunlich, dass jedes Ramenrestaurant auf der Welt seinen eigenen Stil und seine eigene Interpretation hat. Keine Ramensuppe ist wie die andere und darüber freue ich mich jedes Mal, wenn ich in ein neues Ramenlokal gehe. In diesem Kapitel zeige ich, wie diese Bestandteile aussehen können, und stelle einige meiner Favoriten vor, was Brühe, Nudeln, Tare, Öl und Toppings betrifft.

DIE FÜNF BESTANDTEILE DER RAMEN

Man spricht oft davon, dass komplette Ramen eigentlich aus fünf Bestandteilen aufgebaut sind: Brühe, Nudeln, Tare, Toppings und aromatisches Öl.

Brühe

Brühe ist die Grundlage für gute Ramen. Die Basis kann variieren – meist zwischen Hähnchen, Schwein, Meeresfrüchten und Gemüse. Der Schlüssel zu einer guten Brühe ist, so viel Geschmack wie möglich aus einer Fülle an Zutaten zu extrahieren. Der volle Geschmack, der „Körper" stammt von Tierfleisch, -fett und -knochen, während die Aromen sowohl aus dem Fleisch als auch dem Gemüse gewonnen werden.

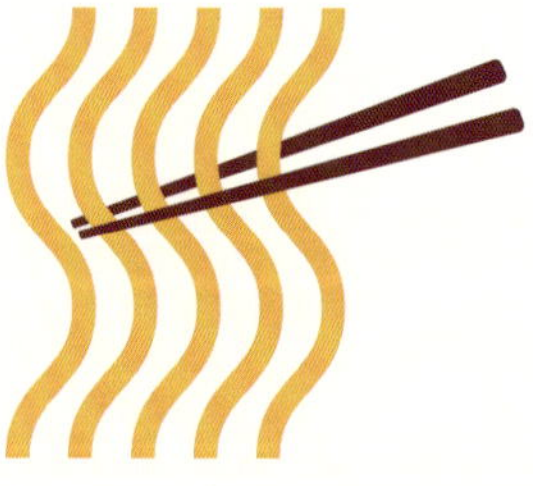

Nudeln

Nudeln werden aus Mehl, Wasser, Kansui und Salz gemacht. Das Gluten im Mehl bindet das Wasser, die Eiweißmoleküle verketten sich zu Fäden und bilden ein stabiles Netz. Kansui interagiert mit den Proteinen und sorgt für die elastische, bissfeste Konsistenz, die für Ramennudeln typisch ist. Das Salz wird verwendet, um die Struktur der Nudeln zu stärken, aber auch für den Geschmack.

Tare

Dieser Bestandteil arbeitet fleißig hinter den Kulissen. Tare ist ein wichtiges Würzmittel für die Brühe und verleiht ihr Umami, Salz und eine herrliche Tiefe. Sie ist die heimliche Waffe vieler Köche. Die Rezepte der eigenen Varianten werden niemandem verraten. Die üblichen Zutaten sind Sojasauce, Sake, Algen, getrockneter Fisch, Miso und Salz, um nur einige zu nennen. Meist heißt die Tare nach der Zutat, die ihr das Aroma verleiht, eine salzbasierte Shio Tare (Shio bedeutet Salz) und eine sojabasierte Shoyu Tare (Shoyu bedeutet Soja). Tare verstärkt den Geschmack der Brühe.

Aromatisches Öl

Das Öl, das in die Ramen gegeben wird, ist ein Bestandteil, den man oft vergisst. Es wird meist mit einer Menge verschiedener aromatischer Zutaten gewürzt und steigt an die Oberfläche. Die hydrophobe Eigenschaft des Öls hilft dabei, die extrahierten Aromen zu halten, die sonst im Wasser verdünnt würden. Wenn die Nudeln in die Brühe kommen, werden sie vom Öl überzogen, was ihnen eine geschmeidige Oberfläche verleiht. Das Öl fungiert auch als „Deckel" und verhindert, dass die Brühe schnell abkühlt.

Toppings

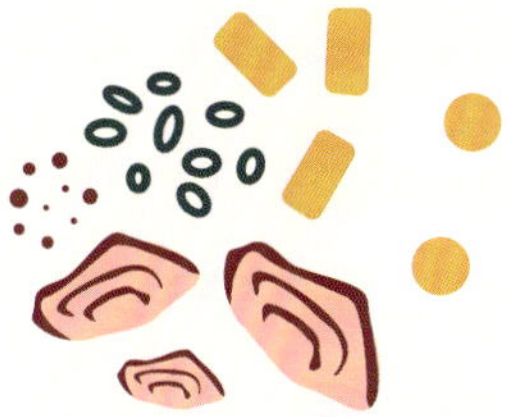

Es gibt Unmengen an unterschiedlichen Toppings zur Auswahl, und mit diesem Bestandteil wird am meisten herumexperimentiert. Das Topping sollte nicht nur lecker sein, sondern auch noch gut aussehen, genau wie bei jedem anderen Gericht auch. Die klassischen Toppings sind Menma (eingelegte Bambussprossen), Chashu (geschmorter Schweinebauch), Frühlingszwiebeln, Algen und Ajitsuke Tamago (Rameneier).

Die traditionelle Reihenfolge, in der Ramen zusammengestellt werden:

1. TARE UND ÖL IN EINE SCHÜSSEL GEBEN.
2. HEISSE BRÜHE HINZUFÜGEN.
3. GEKOCHTE NUDELN HINEINLEGEN.
4. DIE TOPPINGS DARAUFGEBEN.

NUDELN SELBST MACHEN

Zu meinen liebsten Erinnerungen aus der Kindheit gehört die, in der meine Mutter am Küchentisch steht und Nudeln macht. Ich sitze auf einem Stuhl daneben und sehe zu, wie sie sorgfältig und präzise jede Zutat abwiegt. Ihre Hände mischen die Zutaten mit entschlossenen, routinierten Bewegungen. Mit fester Hand bearbeitet sie den Teig, als hätte sie nie etwas anderes getan. Der Tisch wird mit Mehl bestäubt, der Teig ausgerollt und in der Nudelmaschine verarbeitet.

Ich bestehe darauf, mitzuhelfen und an der Kurbel zu drehen, während Mama den Teig auf der anderen Seite entgegennimmt. Heraus kommen perfekte Nudeln, die sorgfältig in Bündeln portioniert werden. Die Hühnerbrühe, die schon seit dem Morgen kocht, wartet darauf, mit den frischen Nudeln serviert zu werden. Die Nudeln werden kurz in einem Topf mit Wasser gekocht, abgegossen und in eine Schüssel gegeben. Mama bestreut die Nudeln mit allen nur erdenklich guten Dingen und gießt die dampfende Brühe darüber.

Das Gefühl, ihre selbst gemachten Nudeln mit Brühe und Beilagen zu essen, ist unglaublich befriedigend, es gibt nichts Besseres. Eine Fertigkeit, an der ich heute hart arbeite, um sie eines Tages genauso zu beherrschen. Es ist noch ein langer Weg dorthin, aber wie bei jedem Training – manchmal läuft es gut und manchmal weniger gut. Man muss damit rechnen, dass die eine oder andere Nudel nicht besonders schön wird.

Das Schwierige und etwas Knifflige bei der Nudelherstellung ist, die richtige Menge jeder Zutat zu verwenden. Das Mengenverhältnis bestimmt am Ende Konsistenz und Geschmack. Andere Faktoren – die banal wirken mögen, aber das Resultat ebenfalls beeinflussen – sind zum Beispiel der Proteingehalt des Mehls, der Härtegrad des Wassers, die Luftfeuchtigkeit im Raum oder welche Art von Salz man verwendet, um nur einige zu nennen. Es ist deswegen nicht ungewöhnlich, dass Ramenrestaurants in Japan fertige Nudeln kaufen.

Aber warum setzt man sich dem aus, stellt sich in die Küche und kämpft mit etwas, das so schwer zu meistern ist? Es gibt natürlich keine richtige Antwort, die Gründe sind immer individuell. Für mich geht es darum, ein Handwerk fortzuführen und zu bewahren, das seit mehreren Tausend Jahren existiert. Nudeln zu machen ist für mich eine Art zu kommunizieren und eine Tradition zu vermitteln, die seit Generationen weitergegeben wird, und die hoffentlich auch in Zukunft fortbesteht. Und wir können uns doch wohl alle darauf einigen, dass das Gefühl, wenn einem am Ende etwas gelingt, ziemlich unschlagbar ist?

Geröstete Ramennudeln

Warum sollte man sich die Mühe machen, selbst Nudeln herzustellen, wenn man auch fertige kaufen kann? Ich sage es ganz ehrlich: Ich finde es großartig, dass es so viele gute fertige Nudeln zu kaufen gibt, aber man kann sie nicht richtig mit selbst gemachten vergleichen. Sie sind vollkommen unterschiedlich, aber beide sind auf ihre Art toll. Man muss allerdings sagen, dass das Gefühl der Befriedigung, wenn man seine eigenen Nudeln in sich hineinschlürft, nur schwer zu toppen ist.

Das Beste daran ist: Man muss gar nicht so viel von Hand kneten, die Arbeit kann man getrost der Nudelmaschine überlassen. Mit etwas Technik kommen ganz herrlich schlürfbare leckere Nudeln heraus. In diesem Rezept verwende ich zwei verschiedene Arten von Mehl, was eine besondere Dimension von Geschmack und Konsistenz schafft, die meiner Meinung nach fehlen würde, wenn man nur eine Sorte nimmt. Dabei ist es wichtig, alles genau abzuwiegen.

ZUTATEN:

6 g Kansui (siehe S. 94)
6 g Salz
40 g grob gemahlenes Roggenmehl
460 g Weizenmehl tipo 00
Maisstärke zum Bestäuben

SO WIRD'S GEMACHT:

1. Kansui und Salz in einer Schüssel mit 200 ml kaltem Wasser auflösen und beiseitestellen.

2. Roggenmehl in einer trockenen Pfanne bei mittlerer Hitze unter ständigem Rühren rösten, dabei aufpassen, dass es nicht verbrennt. Das Mehl darf nicht braun werden. Die Pfanne von der Platte nehmen, sobald das Roggenmehl Röstaroma verströmt. Das Mehl in eine große Schüssel sieben.

3. Das Weizenmehl in die Schüssel zum Roggenmehlt geben und vermischen. Vorsichtig das Kansui-Wasser hinzufügen und alles so gut es geht zu einer einigermaßen runden Kugel kneten. Der Teig wird trocken sein und kaum zusammenhalten, aber genau so ist es richtig. Den krümeligen Teig in Frischhaltefolie wickeln und bei Zimmertemperatur 1 Stunde ruhen lassen.

4. Nach einer Stunde ist der Teig etwas weniger trocken, aber immer noch schwer zu verarbeiten. Den Teig mit einem Messer in vier gleich große Teile schneiden, jedes Stück in Folie wickeln und nacheinander bearbeiten.

5. Die Nudelmaschine herausholen und auf die breiteste Öffnung einstellen. Den Teig mit den Händen rechteckig ausbreiten und durch die Nudelmaschine drehen, anfangs wird er auseinanderfallen und schwer zusammenhalten. Immer wieder zu einem Rechteck formen und durch die Maschine drehen. Wenn der Teig besser zusammenhält, ihn einmal falten und erneut durch die Maschine drehen. Wiederholen, bis der Teig geschmeidig wird – ungefähr 20 Mal.

⟶

6. Wenn sich der Teig gut anfühlt, die Einstellung um eine Stufe verringern und zweimal auf dieselbe Art durch die Maschine führen – zusammenfalten, durchdrehen. Auf diese Weise fortfahren und die Einstellung immer weiter verringern, bis die gewünschte Dicke erreicht ist. Das ist Geschmackssache. Ich mache meine Nudeln mit Einstellung 4. Wenn das Nudelblatt zu lang wird, kann man es einfach halbieren oder in die bevorzugte Länge schneiden.

7. Durch die Walze drehen, die das Blatt in lange Nudeln zerschneidet. Die Nudeln mit etwas Maisstärke bestäuben und zu einem Nest formen. Die Arbeitsschritte bei den restlichen drei Teigstücken wiederholen.

8. Die Nudeln portionsweise auf einen Teller legen, mit Frischhaltefolie bedecken und in den Kühlschrank stellen. Sie halten sich 2 Tage. Man kann sie auch gut einfrieren. Dazu portionsweise auf ein Tablett geben und in den Gefrierschrank stellen. Wenn die Nudeln gefroren sind, die Portionen in Gefrierbeutel füllen. Auf diese Art halten sie sich 3 Monate.

9. Die Kochzeit für selbst gemachte Ramennudeln variiert je nach Dicke. Schmale Nudeln sind schneller fertig, dicke brauchen etwas mehr Zeit. Die Nudeln, die ich in Größe 4 mache, haben eine Kochzeit von 30 Sekunden. Am besten kochst Du testweise ein paar Nudeln, um die perfekte Kochzeit herauszufinden.

10. Selbst gemachte Ramennudeln koche ich genau wie normale Weizennudeln in einem weiten Topf in reichlich kochendem Wasser. Die Nudeln in ein Sieb abgießen und das Wasser gut abseihen, um so viel Stärke wie möglich loszuwerden. Wenn die Nudeln für kalte Gerichte und nicht für eine Suppe verwendet werden, am besten mit reichlich kaltem Wasser abschrecken, um den Kochprozess zu stoppen und die Stärke ganz abzuspülen.

Kansui

100 G ~ 1 STUNDE

Wenn Du einen alkalischen Stoff zu einem Weizenteig hinzufügst, verändert sich dessen pH-Wert. Er stellt mehr Verbindungen zwischen den Glutenfäden her, sodass der Teig dichter und fester wird. Mit einem festeren Teig bekommen die Nudeln mehr Biss, sie werden elastischer und saugen weniger Flüssigkeit auf, was erstrebenswert ist, weil die Nudeln meist in einer heißen Brühe baden.

ZUTATEN:

100 g Natron oder Backpulver

SO WIRD'S GEMACHT:

1. Den Ofen auf 120 °C vorheizen.

2. Ein Backblech mit Alufolie bedecken und das Natron oder Backpulver in einer gleichmäßigen Schicht darauf ausbreiten.

3. Das Pulver auf mittlerer Schiene 1 Stunde rösten.

4. Das Blech aus dem Ofen nehmen, das Pulver abkühlen lassen und in einem sauberen Glas aufbewahren. Das Glas gut verschließen, es sollte nicht lange offen bleiben, das Pulver saugt leicht Flüssigkeit auf und verliert seine Wirkung. Es hält sich rund 2 Monate.

Chashu – japanischer geschmorter Schweinebauch

Was Toppings für dampfende Ramen betrifft, ist Chashu einer meiner Favoriten. Wenn ich in einem Restaurant Ramen esse, bestelle ich es oft zusätzlich. Ein perfektes Stück Chashu sollte meiner Meinung nach zu gleichen Teilen aus Fett und Fleisch bestehen und ohne Eile zubereitet worden sein. Es ist vorteilhaft, das Fleisch schon am Vortag zu machen, man kann es nämlich leichter in Scheiben schneiden, wenn es abgekühlt ist. Wenn Du das Fleisch sofort schneidest, besteht das Risiko, dass es zerfällt. Chashu passt wunderbar als Topping zu Nudeln, aber auch zu anderen Gerichten, z. B. verschiedenen Wokgerichten.

ZUTATEN:

1 kg Schweinebauch
5 Korianderwurzeln (oder 1 EL Koriandersamen)
3 Frühlingszwiebeln, jeweils in 3 Teile geschnitten
4 × 5 cm großes Stück Ingwer, in 4 Teile geschnitten
4 Knoblauchzehen, mit Schale zerdrückt
1 Zwiebel, geviertelt
1 Sternanis
2 EL Farinzucker (oder normaler Zucker)
½ EL schwarze Pfefferkörner
50 ml Mirin
100 ml helle Sojasauce
4 EL dunkle Sojasauce
50 ml Sake (kann durch trockenen Sherry ersetzt werden)

SO WIRD'S GEMACHT:

1. Den Schweinebauch in drei gleich große Stücke schneiden. Man kann auch das ganze Stück zusammenrollen und mit einer Schnur zusammenbinden. In einen großen Topf legen.

2. Die Korianderwurzeln gut abbrausen und zusammen mit den restlichen Zutaten in den Topf geben, mit Wasser auffüllen, bis das Fleisch gerade bedeckt ist.

3. Den Deckel schließen und alles aufkochen. Die Temperatur reduzieren, sodass es nur noch etwas köchelt. Den Deckel weiter geschlossen halten. Jede Stunde in den Topf schauen und das Fleisch wenden. 4 Stunden garen und wenn nötig Wasser nachfüllen, sodass das Fleisch immer bedeckt ist.

4. Den Topf von der Platte nehmen. Das Fleisch vorsichtig herausheben, auf einen Teller legen und abkühlen lassen. Anschließend in Frischhaltefolie einwickeln und im Kühlschrank aufbewahren.

5. Die Flüssigkeit, in der das Fleisch gekocht wurde, durch ein Sieb in einen anderen Topf gießen und den Herd auf mittlere Temperatur stellen. Die Flüssigkeit einreduzieren, bis die Konsistenz saucenähnlich ist. Dann vom Herd nehmen und abkühlen lassen. In einem sauberen wiederverschließbaren Gefäß aufbewahren. Die Sauce schmeckt herrlich in verschiedenen Wokgerichten, z. B. mit Nudeln, Reis oder Gemüse, lässt sich aber auch gut als Würzmittel, z. B. für Instantnudeln, verwenden.

6. Wenn Du Chashu als Topping für Deine Nudeln verwendest: Das Fleisch in Scheiben schneiden und dann in einer Pfanne braten, mit einem Flambierbrenner abflammen, in einer Form im Ofen bei 100 °C oder beim Servieren in der Suppe aufwärmen.

15 MINUTEN
(+ MINDESTENS 24 STUNDEN MARINIERZEIT)

Ajitsuke Tamago

Salzig, süß und cremig mit viel Umami – genau so kann man diese Eier beschreiben. Sie sind nicht nur als Topping für viele verschiedene Ramen beliebt, sondern auch als Snacks oder Beilage zu südostasiatischen Reisgerichten sehr lecker.

ZUTATEN:

- 6 Eier
- 150 ml helle Sojasauce
- 50 ml Mirin
- 50 ml Sake
- 4 × 4 cm großes Stück Ingwer, grob gewürfelt

SO WIRD'S GEMACHT:

1. Die Eier vorsichtig in kochendes Wasser legen. Bei mittlerer Temperatur 6 Minuten und 30 Sekunden kochen. Das Wasser rasch abgießen und die Eier in ein eiskaltes Bad legen oder 5 Minuten mit kaltem Wasser abschrecken.

2. 300 ml Wasser in einem Topf mit Sojasauce, Mirin, Sake und Ingwer vermischen. Das Ganze erhitzen, bis es zu kochen beginnt, dann vom Herd nehmen, in ein verschließbares Gefäß gießen und abkühlen lassen.

3. Die Eier vorsichtig schälen und in die Flüssigkeit legen. Den Deckel schließen.

4. In den Kühlschrank stellen und die Eier am besten mindestens 24 Stunden marinieren lassen, bevor sie gegessen werden. Sie halten sich etwa 3 Tage. Die Konsistenz verändert sich vom ersten bis zum dritten Tag: Das Eigelb wird fester und schmeckt salziger, je länger es in der Flüssigkeit liegt.

CA. 150 G
30 MINUTEN

Menma

Menma, was so viel heißt wie aromatisierter Bambus, ist ein klassisches Topping für Ramen, kann aber auch einfach so genossen werden. Mit etwas Liebe und Sorgfalt verwandeln sich die ziemlich langweiligen Bambussprossen in einen Lieblingssnack.

ZUTATEN:

1 Dose konservierte Bambussprossen (à 250 g)
½ Brühwürfel, z. B. Hühner- oder Gemüsebrühe
2 EL Sesamöl
1 EL Sake
1 EL helle Sojasauce
2 TL Mirin

SO WIRD'S GEMACHT:

1. Die Bambussprossen in ein Sieb abgießen und mit reichlich Wasser abbrausen. Man kann Bambussprossen in Scheiben oder in ganzen Stücken kaufen. Letztere in etwa 3 bis 4 mm dicke und 4 bis 5 cm lange Scheiben schneiden.

2. Wasser in einem Topf aufkochen, die Bambussprossen in ein Sieb geben und mit dem kochenden Wasser übergießen, um den muffigen Geruch abzuspülen.

3. 100 ml Wasser erhitzen und den Brühwürfel darin auflösen.

4. Das Sesamöl bei mittlerer Temperatur in einer Pfanne erhitzen und die Bambussprossen 2 bis 3 Minuten darin braten.

5. Brühe, Sake, Sojasauce und Mirin in die Pfanne geben, umrühren und die Flüssigkeit fast ganz einkochen.

6. Wenn die Flüssigkeit verschwunden ist, ein paar Tropfen Sesamöl hinzufügen und umrühren. Die Bambussprossen in einem sauberen Glas im Kühlschrank aufbewahren. Sie halten bis zu 4 Tagen.

Shio Tare

400–500 ML 〰 10 MINUTEN (+ 3 STUNDEN EINWEICHZEIT)

Shio heißt Salz auf Japanisch, und Shio Tare ist eine der üblichen Würzsaucen für Ramen. Eine gute Shio Tare in geeigneter Menge verstärkt die verschiedenen Aromen des Gerichts, in dem sie verwendet wird, genauso wie Salz es tut.

ZUTATEN:

25 g Kombu
25 g getrocknete Shiitakepilze
70 g Salz

SO WIRD'S GEMACHT:

1. Mit einer Schere grobe Stücke Kombu in einen Topf schneiden. Pilze und 600 ml Wasser dazugeben. Mindestens 3 Stunden stehen lassen.

2. Das Salz hinzufügen und die Mischung aufkochen lassen, umrühren, bis das Salz sich aufgelöst hat. Abkühlen lassen und durch ein Sieb gießen. In einem sauberen verschließbaren Glas im Kühlschrank aufbewahren.

Shoyu Tare

CA. 300 ML 〰 15 MINUTEN

Shoyu, was Soja auf Japanisch heißt, ist die älteste Würzart, was Ramen betrifft, und eine sehr beliebte. Außer Soja als Basis ist auch noch Kombu, Katsuobushi, Sake und Mirin darin enthalten – das verleiht der Sauce mehr Tiefe und Umami.

ZUTATEN:

6 EL Mirin
4 EL Sake
1 EL Zucker
100 ml helle Sojasauce
50 ml dunkle Sojasauce
5 × 5 cm Kombu
2 Handvoll Katsuobushi (Bonitoflocken)

SO WIRD'S GEMACHT:

1. Mirin, Sake und Zucker in einen Topf geben und 2 Minuten kochen.
2. Helle und dunkle Sojasauce hinzufügen, die Hitze reduzieren und die Flüssigkeit 1 Minute sieden lassen.
3. Kombu und Katsuobushi hineingeben und alles ungefähr 10 Minuten sieden lassen. Es ist wichtig, dass es nicht kocht, Katsuobushi ist empfindlich und kann bei hoher Temperatur bitter werden.
4. Die Sauce abkühlen lassen, durch ein Sieb gießen und in einem sauberen, verschlossenen Glas im Kühlschrank aufbewahren.

Sofrito

Alle Länderküchen dieser Welt verwenden beim Kochen eine Basis, die je nach Land aus unterschiedlichen Zutaten besteht und diverse Namen trägt. Sofrito, Sofregit, Soffritto oder Refogado, um nur einige zu nennen. Sofrito ist eine aromatische Basis aus Zutaten, die lange und langsam bei niedriger Temperatur gegart werden. Es hebt den Geschmack und verbringt Wunderwerke in den Gerichten, in denen es verwendet wird, die Aromen bekommen eine ganz andere Tiefe und schmecken nach mehr. Es lässt sich wunderbar als Komponente für Ramen verwenden.

ZUTATEN:

2 Äpfel, geschält und fein gewürfelt
3 Zwiebeln, fein gehackt
450 ml Rapsöl
12 Knoblauchzehen, fein gehackt
8 × 8 cm Ingwer, fein gewürfelt

SO WIRD'S GEMACHT:

1. Den Ofen auf 110 °C vorheizen.

2. Äpfel und Zwiebeln in einen gusseisernen Topf geben. Das Öl dazugießen. Den Topf bei niedriger bis mittlerer Temperatur auf den Herd stellen und erhitzen, bis das Öl Blasen zu werfen beginnt und die Zutaten schwitzen. Dann den Deckel schließen, den Topf in den Ofen stellen und ungefähr 3 Stunden garen. Wenn man keinen gusseisernen Topf hat, kann man die Äpfel und Zwiebeln auch zuerst in einem Topf mit dem Öl 10 Minuten anschwitzen, dann in eine ofenfeste Form umfüllen und mit Alufolie bedecken.

3. Es ist wichtig, dass Zwiebeln und Äpfel langsam gegart werden und erst kurz vor Schluss Farbe bekommen. Den Topf oder die Form ab und zu herausholen, den Deckel abnehmen und etwas umrühren, damit nichts am Boden ansetzt.

4. Wenn Zwiebeln und Äpfel beginnen leicht braun zu werden, ist es Zeit, Knoblauch und Ingwer dazuzugeben. Für weitere 2 bis 3 Stunden in den Ofen stellen. Hin und wieder umrühren.

5. Das Sofrito abkühlen lassen und anschließend im Kühlschrank aufbewahren. Es hält sich 2 Wochen.

Pilzbrühe

Die Schlüssel zu einer guten Brühe sind Umami und tiefe Aromen. Mit tierischen Produkten ist das einfach, oft braucht man nur eine Proteinquelle, beispielsweise Hähnchen, und Wasser. Umami und tiefe Aromen in einer veganen Brühe zu finden, ist jedoch etwas schwieriger. Deshalb ist es wichtig, viele Zutaten zu verwenden, die viel Umami enthalten, wie getrocknete Shiitakepilze, getrocknete Algen und geröstetes Gemüse wie Chinakohl und Zwiebeln. Diese Brühe funktioniert wunderbar als Ersatz für andere Brühen in diesem Buch, probiere es aus!

ZUTATEN:

½ Chinakohl
5 cm Ingwer, in Scheiben geschnitten
4 Knoblauchzehen, halbiert
1 Zwiebel, halbiert
2 Karotten, grob geschnitten
6 Frühlingszwiebeln
10–15 cm Rettich, grob geschnitten
2 EL Rapsöl
15 getrocknete Shiitakepilze
8 × 8 cm Kombu
4 EL vegane Tsuyu (Brühenbasis)
1 TL MNG (Mononatriumglutamat)
Salz

SO WIRD'S GEMACHT:

1. Den Ofen auf 200 °C vorheizen. Den Chinakohl waschen und der Länge nach halbieren. Chinakohl, Ingwer, Knoblauch, Zwiebel, Karotten, Frühlingszwiebeln und Rettich mit dem Rapsöl einreiben, auf ein Blech legen und 20 Minuten im Ofen rösten. Für die letzten 5 Minuten die Grillfunktion einschalten.

2. Einen großen Topf mit 4 l Wasser füllen und geröstetes Gemüse, Pilze und Kombu hineingeben. Tsuyu hinzufügen.

3. Die Brühe bei niedriger Temperatur köcheln lassen. Jeweils ein Essstäbchen auf die gegenüberliegenden Ränder des Topfes legen und dann den Deckel aufsetzen. Das nimmt den Druck aus dem Topf, Dampf kann entweichen, und der Kochvorgang lässt sich leichter kontrollieren. Den Topf so auf die Herdplatte stellen, dass die Brühe nur leicht köchelt – für 3 Stunden.

4. Die Brühe durch ein Sieb gießen und mit MNG und etwas Salz abschmecken. Pilze, Rettich und Karotten aufbewahren, zusammen mit der Suppe essen oder als Topping verwenden.

DIE WICHTIGKEIT VON MISE EN PLACE

Wir haben das alle schon erlebt. Man wühlt in Schubladen und Schränken, man könnte schwören, dass man dieses Gewürztütchen erst gestern in der obersten Schublade gesehen hat, oder war es die mittlere? Oder man hat vielleicht die zweite Zeile im Rezept überlesen, in der stand, dass die Zwiebeln gebraten werden sollen, bevor sie in die Suppe kommen. Der Fisch, den man gerade macht, ist verkocht, und die Sauce im Topf ist angebrannt, alles ist ein einziges Durcheinander und man fragt sich: „Warum kommt es immer so?"

Es gibt natürlich eine Lösung für dieses Chaos, und sie heißt Planung und Vorbereitung. „Mise en Place", Französisch für „alles am Platz", ist ein oft verwendeter Ausdruck in Großküchen und Restaurants. Er bedeutet, dass man seine Zutaten schält, schneidet, hackt und herrichtet. Dann werden sie sortiert und in Reichweite des Arbeitsplatzes gestellt. Mise en Place ist ganz einfach die Voraussetzung für eine Profiküche, um Essen servieren zu können. Wenn man sich in der Küche zu Hause gut vorbereitet, ist man weniger gestresst und kann sich besser auf kritische Momente konzentrieren, zum Beispiel darauf, besagten Fisch perfekt zu garen.

Wenn ich koche, versuche ich immer, alles gut vorzubereiten, sofern der Alltag es zulässt und ich die Zeit finde. Kochen ist für mich etwas Ruhevolles und Entspannendes, ich will die Kontrolle haben. Gestresst sein ist das Letzte, was ich will. Ich bin überzeugt davon, dass Essen, welches mit Sorgfalt zubereitet wurde, viel besser schmeckt.

Manche Rezepte in diesem Buch enthalten viele Schritte und können manchmal auf den ersten Blick sehr herausfordernd wirken. Mein bester Tipp ist, das Rezept zumindest einmal in Ruhe durchzulesen. Sorge zunächst dafür, dass alle Gerätschaften und Zutaten parat liegen, und bereite alles Nötige vor, ehe Du mit dem Kochen selbst beginnst. Was Nudeln betrifft, ist es unerlässlich, beim Kochen wirklich anwesend zu sein, und eine andere wichtige Sache ist das Timing. Ein Beispiel: Wenn man die gekochten Nudeln auf die Schüsseln verteilt und die heiße Brühe darübergegossen hat, sollte schnell das Topping darauf angerichtet und das Gericht sofort serviert werden – wie gut ist es dann, dass man das Topping schon vorbereitet hat, während die Brühe noch vor sich hin köchelte!

Spicy Miso Ramen

Wenn ich ein Gericht aus diesem Buch zu meinem Paradegericht küren sollte, würde die Wahl auf dieses hier fallen – das habe ich ganz klar am häufigsten gemacht. Diese Schüssel Spicy Miso Ramen erfordert etwas Planung, aber vieles lässt sich gut vorbereiten. Ich verspreche Dir, vom ersten bis zum letzten Schlürfer wirst Du eine totale Befriedigung erleben. Deswegen liebe ich dieses Gericht.

ZUTATEN:

2 Portionen Ramennudeln, selbst gemacht (siehe S. 93) oder gekauft

Brühe:
800 ml Hühnerbrühe (siehe S. 127)

Tare:
2 EL rote Misopaste
2 EL weiße Misopaste
1 TL Sesamöl
1 TL Chinkiang (schwarzer Reisessig)
3 EL Chili-Knusperöl (siehe S. 27)
½ TL MNG (Mononatriumglutamat)

Toppings:
150 g Cashu (siehe S. 97)
2 Ajitsuke Tamago (siehe S. 99)
2 Handvoll Mungbohnensprossen
1 Handvoll fein gehackter Koriander
1 Handvoll fein gehackte Frühlingszwiebeln
geröstete Sesamsamen
getrocknete Chilifäden

Aromaöl:
2 EL Sofrito (siehe S. 105)
2 EL Zwiebel-Knusperöl (siehe S. 26)

SO WIRD'S GEMACHT:

1. Die Brühe in einem Topf erhitzen und sieden lassen. Alle Zutaten der Tare in einer Schüssel vermischen, mit 50 ml der heißen Brühe verrühren, bis sich die Misopaste aufgelöst hat. Die Tare in die Brühe gießen und sieden lassen. Die Brühe abschmecken und für mehr Schärfe weiteres Chiliöl hinzufügen. Bei niedriger Temperatur auf dem Herd stehen lassen, sodass die Brühe warm bleibt.

2. Die Toppings vorbereiten, sodass alles fertig ist, bevor die Nudeln gekocht werden. Das Fleisch in Scheiben schneiden, die Eier halbieren. Wasser in einem Topf aufkochen, die Mungbohnensprossen hineingeben, 1 Minute kochen lassen und in ein Sieb abgießen.

3. Das Fleisch aufwärmen, also entweder in einer Pfanne braten, mit einem Brenner abflammen oder bei 100 °C in einer Auflaufform in den Ofen schieben. Ansonsten kann man es auch einfach beim Servieren von der Suppe wärmen lassen.

4. Reichlich Wasser in einem Topf aufkochen, sodass es heftig sprudelt. Die Nudeln hineingeben und kochen, bis sie al dente sind. Das Wasser sorgfältig abgießen, um so viel Stärke wie möglich loszuwerden.

5. Zwei große Ramenschüsseln bereitstellen und jeweils 1 EL Sofrito und Zwiebelöl hineingeben.

6. Die Nudeln auf die Ramenschüsseln verteilen, die Brühe darübergießen und Chashu, Eier, Bohnensprossen, Koriander, Frühlingszwiebeln, Sesamsamen und Chilifäden darauf verteilen. Sofort essen, weil die Nudeln in der heißen Suppe weitergaren – nach einer Weile sind sie verkocht und schmecken nicht mehr so gut.

2 PORTIONEN
40 MINUTEN

Shoyu Ramen

Dieses Ramengericht basiert auf einer Shoyu Tare, einer konzentrierten Sauce, vor allem aus Sojasauce, Algen und getrocknetem Thunfisch. Die Tare, die Hühnerbrühe, gute Nudeln und sparsames Topping schaffen einfache und bescheidene Ramen mit viel Geschmack und herrlicher Tiefe.

ZUTATEN:

2 Portionen Ramennudeln, selbst gemacht (siehe S. 93) oder gekauft

Brühe:
800 ml Hühnerbrühe (siehe S. 127)
½ TL MNG (Mononatriumglutamat)

Tare:
4 EL Shoyu Tare (siehe S. 103)

Toppings:
- 150 g Chashu (siehe S. 97)
- 2 Ajitsuke Tamago (siehe S. 99)
- 8 Scheiben Menma (siehe S. 101)
- 4 Nori-Blätter
- 1 Handvoll fein gehackte Frühlingszwiebeln

Aromaöl:
2 EL Sofrito (siehe S. 105)
2 EL Zwiebel-Knusperöl (siehe S. 26)

SO WIRD'S GEMACHT:

1. Die Brühe erhitzen und MNG hinzufügen. Bei niedriger Temperatur auf dem Herd stehen lassen, sodass sie warm bleibt.

2. Das Fleisch in Scheiben schneiden, die Eier halbieren und das restliche Topping vorbereiten, sodass alles fertig ist, bevor die Nudeln gekocht werden. Zwei große Ramenschüsseln bereitstellen und jeweils 2 EL Shoyu Tare, 1 EL Sofrito und 1 EL Zwiebelöl hineingeben.

3. Das Fleisch aufwärmen, indem es in einer Pfanne gebraten, mit einem Brenner abgeflammt oder bei 100 °C in einer Auflaufform in den Ofen geschoben wird. Ansonsten kann man es auch beim Servieren von der Suppe wärmen lassen.

4. Reichlich Wasser in einen Topf aufkochen, sodass es heftig sprudelt. Die Nudeln hineingeben und kochen, bis sie al dente sind. Das Wasser sorgfältig abgießen, um so viel Stärke wie möglich loszuwerden.

5. Die Brühe in die Ramenschüsseln gießen und umrühren, sodass sie sich mit Tare, Sofrito und Zwiebelöl vermischt. Die Nudeln verteilen und Chashu, Eier, Menma, Nori-Blätter und Frühlingszwiebeln darübergeben. Sofort essen, weil die Nudeln in der heißen Suppe weitergaren – nach einer Weile sind sie verkocht und schmecken nicht mehr so gut.

Yuzu Clam Shio Ramen

Shio Tare gibt diesem Ramengericht ein salzbasiertes Aroma. Die Grundlage ist eine reichhaltige Brühe, die zusammen mit einem aromatischen Sofrito, dem Meeresgeschmack der Muscheln, der Cremigkeit der Kokosmilch und der Frische der Yuzu eine unwiderstehliche Kombination bildet.

ZUTATEN:

4 Portionen Ramennudeln, selbst gemacht (siehe S. 93) oder gekauft

Brühe:
800 g Herzmuscheln
Salz
2 EL Rapsöl
3 Knoblauchzehen, fein gehackt
3 cm Ingwer, fein gehackt
1 Schalotte, fein gehackt
200 ml Sake (kann durch trockenen Sherry ersetzt werden)
1 l Hühnerbrühe (siehe S. 127)
3 EL Fischsauce
2 TL Chinkiang (schwarzer Reisessig)
¼ l Kokosmilch
50 ml Yuzusaft

Tare:
8 EL Shio Tare (siehe S. 102)

Aromaöl:
8 EL Sofrito (siehe S. 105)

Topping:
1 Handvoll fein gehackter Koriander

SO WIRD'S GEMACHT:

1. Für die Brühe: Die Muscheln abbrausen und kontrollieren, dass die Schale nicht kaputt ist. Alle wegwerfen, die beschädigt sind oder sich nicht schließen. Eine Schüssel mit Wasser und 2 EL Salz füllen, die Muscheln hineingeben und 30 Minuten stehen lassen. In ein Sieb abgießen und die Muscheln abbrausen.

2. Das Öl in einen Topf geben. Darin Knoblauch, Ingwer und Schalotte 2 Minuten bei mittlerer Temperatur braten. Die Temperatur erhöhen und Muscheln und Sake dazugeben. Den Deckel schließen und etwa 10 Minuten garen.

3. Auf mittlere Temperatur reduzieren und Muscheln mit einem Schaumlöffel herausheben. Beiseitestellen.

4. Hühnerbrühe, Fischsauce, Essig und Kokosmilch in den Muschelsud geben und sieden lassen, mit Yuzusaft und Salz abschmecken. Dabei eine gute Balance finden: Für mehr Säure mehr Yuzu, für mehr Salz mehr Salz dazugeben.

5. Essschüsseln bereitstellen und in jede 2 EL Shio Tare und 2 EL Sofrito geben.

6. Reichlich Wasser in einem Topf aufkochen, sodass es heftig sprudelt. Die Nudeln hineingeben und kochen, bis sie al dente sind. Das Wasser sorgfältig abgießen, um so viel Stärke wie möglich loszuwerden.

7. Die Nudeln auf die Essschüsseln verteilen, die Brühe darübergießen und mit Muscheln und Koriander bestreuen.

Birria Taco Ramen

Was ist Birria Taco Ramen? Lass mich erklären. Ich fand immer, dass gewisse Teile der mexikanischen und der südostasiatischen Küche sehr nah zusammenliegen, was Gewürze und Aromen angeht. Birria ist ein etwas scharfes, süßliches, salziges und unglaublich aromatisches mexikanisches Rindfleischgericht. Das Fleisch wird mit getrocknetem Chili, Chipotle und Adobo, Essig und Gewürzen mariniert, dann muss es lange und langsam kochen, bis es ganz mürbe geworden ist und zerfällt.

Wenn wir die Flüssigkeit nehmen, die sich beim Garen des Fleischs gebildet hat, und Hühnerbrühe, Nudeln und Toppings dazugeben, haben wir ein Kind der Liebe geschaffen: Birria Taco Ramen. Das Fleisch wird mit Mozzarella in einen Tortillafladen gefüllt, den Du dann in die Brühe tunkst und zusammen mit den Nudeln isst. Wahnsinnig lecker!

ZUTATEN:

4 Portionen Ramennudeln, selbst gemacht (siehe S. 93) oder gekauft

Birria:
3 Ancho-Chilischoten
3 Guajillo-Chilischoten
1 Dose Chipotle in Adobo-Sauce (à ca. 210 g)
50 ml Chinkiang (schwarzer Reisessig)
1 Dose gehackte Tomaten (à 400 g)
2 EL Tomatenmark
2 EL helle Sojasauce
6 Knoblauchzehen
2 EL getrockneter Oregano

SO WIRD'S GEMACHT:

1. Wasser in einem Topf aufkochen. Ancho-Chilischoten und Guajillo-Chilischoten in eine Schüssel geben, mit Wasser übergießen und etwa 15 Minuten einweichen.

2. Wenn die Chilis weich sind, Stängel und Kerne entfernen. Die Chilis mit Chipotle in Adobo-Sauce, Essig, Tomaten, Tomatenmark, Sojasauce, Knoblauch, Oregano, Paprikapulver und Kreuzkümmel in einem Mixer zu einer homogenen Masse vermengen. Das Rindfleisch mindestens 2 Stunden in der Sauce marinieren, am besten über Nacht im Kühlschrank.

3. Das Öl in einem großen Topf erhitzen und die Zwiebeln bei mittlerer Temperatur 8 Minuten braten. Anschließend das Fleisch mit Marinade, Lorberblättern, Zimt und Nelken hinzufügen. Die Brühe dazugießen und bei geschlossenem Deckel 6 Stunden auf niedriger Temperatur garen.

→

2 TL geräuchertes Paprikapulver
2 TL Kreuzkümmel, am besten Samen, gemahlen geht aber auch
1 kg Rinderkamm
2 EL Rapsöl
1 Zwiebel, gehackt
3 Lorbeerblätter
2 Zimtstangen
6 Gewürznelken
1 ½ l Hühnerbrühe (siehe S. 127)

Pico de gallo:
100 g Cocktailtomaten, gehackt
1 Handvoll fein gehackter Koriander
½ rote Zwiebel, fein gehackt
1 Knoblauchzehe, fein gehackt
1 mittelscharfe rote Chilischote, fein gehackt
1 Limette, Zesten und Saft

Toppings:
4 kleine Tortillafladen
200 g fester Mozzarella
4 Ajitsuke Tamago (siehe S. 99)
Jalapeño, in dünne Scheiben geschnitten
1 weiße Zwiebel, in dünne Scheiben geschnitten
eventuell 1 Limette, in Spalten geschnitten

4. Für das Pico de gallo: Tomaten, Koriander, rote Zwiebeln, Knoblauch und Chili in einer Schüssel vermischen. Limettenzesten hineinreiben, Limettensaft hineinpressen und alles vermengen.

5. Die Tortillafladen in das Öl tunken, das sich auf der Oberfläche der Fleischbrühe gebildet hat. Dann nacheinander in einer Pfanne braten, mit dem auseinanderfallenden Fleisch und Mozzarella füllen, dann zusammenfalten. Wenn Fleisch übrig bleibt, als Topping verwenden.

6. Reichlich Wasser in einem Topf aufkochen, sodass es heftig sprudelt. Die Nudeln hineingeben und kochen, bis sie al dente sind. Das Wasser sorgfältig abgießen, um so viel Stärke wie möglich loszuwerden.

7. Die Nudeln in Essschüsseln verteilen, die Brühe darübergießen. Restliches Fleisch, Ei, Jalapeño, weiße Zwiebel, Pico de gallo und einen gefüllten Taco pro Schüssel daraufgeben. Für mehr Säure eventuell Limettensaft darüberpressen. Abwechselnd von den Nudeln und dem in die Brühe getunkten Taco essen.

Kindheitserinnerung

Papas Lifehack

Meine Eltern sind in einem armen und kriegsgeplagten Vietnam aufgewachsen, beide waren die ältesten ihrer Geschwisterschar und mussten früh mithelfen, die Familie zu versorgen und den Haushalt am Laufen zu halten. Als die Krise am größten war und es an verfügbaren Nahrungsmitteln mangelte, mussten sie lernen, dass die Rationierung und das Bunkern von Reis und Getreide überlebenswichtig waren.

Die schweren Zeiten haben ihre Spuren hinterlassen. Obwohl sie schon vor vielen Jahren aus dem Land geflohen und nach Schweden gekommen sind, halten sie an ihren Gewohnheiten fest. Mama und Papa waren, was Essen betrifft, Experten im Aufbewahren und Haushalten. Trotzdem habe ich nie erlebt, dass sie geizig waren, im Gegenteil – sie waren immer großzügig. Ich weiß noch, wie sie es liebten, viele Freunde und Bekannte zu großen Abendessen mit Unmengen an Gerichten einzuladen.

Wie ist es zwei Personen mit geringem Lohn und ohne Ausbildung gelungen, vier Kinder zu versorgen und es sich gleichzeitig leisten zu können, mindestens jedes zweite Wochenende zu einem Festmahl einzuladen? Das Geheimnis war, viel zu kaufen und zu bunkern, wenn es Sonderangebote gab. Besonders erinnere ich mich an die Male, als Hähnchen heruntergesetzt war. Papas bester Lifehack, um die Beschränkung für die maximale Anzahl an Einkäufen pro Haushalt zu umgehen: Er nahm meine Geschwister und mich mit in den Laden und stellte jeden von uns in eine andere Kassenschlange, mit Bargeld in der einen und einem Korb mit Hähnchen in der anderen Hand. Dann kam alles in den Gefrierschrank und Mama hatte massenweise Hähnchen, um leckere Brühen daraus zu kochen.

ESSEN VON ZU HAUSE

Die Rezepte in diesem Kapitel sind für mich pure Nostalgie und haben einen besonderen Platz in meinem Herzen. Es sind Mamas Rezepte für Nudelgerichte, mit denen ich aufgewachsen bin, und jedes Mal, wenn ich sie mache, werde ich in meine Kindheit zurückgeworfen. Wohlbekannte Düfte verschiedener Brühen erfüllen die Küche und verbreiten sich im Rest der Wohnung. Hier geschieht nichts in Eile, hier bekommt Zeit, was Zeit benötigt.

Die Nudelgerichte dieses Kapitels benötigen Sorgfalt und dauern in der Zubereitung etwas länger als die vorherigen Rezepte – perfektes Essen für ein ruhiges Wochenende, an dem Stress und Alltagshektik nicht existieren. Ich hoffe, es verschafft Dir genauso viel Befriedigung, die Gerichte zu kochen, wie sie zu essen, und vielleicht bekommt eines der Rezepte ja einen besonderen Platz in Deinem Herzen.

DANKE MAMA

Meine einzigartige Mutter war für mich ein großes Vorbild und eine Quelle der Inspiration, nicht nur was das Kochen angeht, sondern auch im Leben. Ihre positive Einstellung, Energie und Geduld scheinen unerschöpflich zu sein, und ich bin ewig froh und dankbar, dass gerade sie meine Mutter ist. Thay, wie meine liebe Mutter heißt, ist in Vietnam geboren und hat eine lange Familiengeschichte, die nach China zurückgeht, wo meine Großeltern geboren wurden. Sie emigrierten nach Vietnam, später nach Schweden.

Als älteste von sieben Geschwistern musste Mama schon als Kind viel Verantwortung übernehmen und hart arbeiten, um die Familie zu versorgen. Das war wichtiger als Schule und Ausbildung. Sie war immer für andere da und sehr beliebt in der Gegend, in der sie wohnte, besonders bei den Älteren, weil sie ihnen bei Erledigungen und beim Einkaufen half.

In Vietnam waren die Märkte lebendig und eng, man fand dort jegliche Art von Essen: frischen Fisch, Fleisch, frisches Gemüse und Obst. Als Kind liebte Mama es, dort herumzulaufen, und es dauerte nicht lange, bis sie die Kniffe lernte, um die besten Waren zu bekommen. Sie wusste, wie die aromatischsten Tomaten aussahen, oder worauf sie achten musste, um die saftigsten Zitrusfrüchte zu finden. Wenn sie Glück hatte, bekam sie heraus, welche Zutaten für gewisse Gerichte nötig waren. Weil sie den Besitzer des berühmten Pho-Restaurants beobachtete, wusste sie, welche Kräuter und Frischwaren dort in die leckere Brühe kamen. Sie sammelte Wissen übers Kochen und alles, was dazugehörte. Wissen, das sie später gut brauchen konnte, weil sie für die Familie kochen musste, wenn meine Großeltern arbeiteten.

Die Zutaten waren einfach und die Gerichte ebenso. Fleisch, Geflügel, Fisch und Meeresfrüchte waren teuer und wurden als Luxus betrachtet. Man aß oft vegetarisch, aber manchmal kam man günstig an den Teil eines Tieres, der weniger beliebt war, z. B. Fleischknochen oder Fischköpfe und -gräten. Das Konzept „from nose to tail", also das ganze Tier zu verwerten, verfolgt meine Mutter bis heute. Für sie war es keine Kunst, unsere Familie mit einer leckeren Suppe aus Fischresten oder einem einfachen Gemüsegericht mit Reis sattzukriegen.

Manche würden meine Mutter als kreative Köchin bezeichnen, ich bezeichne sie als Zauberin. Die Suppe aus Fischköpfen ist noch heute eines meiner Lieblingsgerichte, das ich mir immer wünsche, wenn ich zu meinen Eltern nach Hause komme. Zu meiner Enttäuschung bekomme ich oft ein Nein zu hören. „Das Gericht ist viel zu einfach, wenn Du schon mal zu Hause bist, müssen wir etwas Festlicheres essen", antwortet sie meistens.

Meine Mutter ist fantastisch. Aus Vietnam vor Unterdrückung, Armut und Krieg nach Schweden zu fliehen und dort nur aus dem Gedächtnis heraus zu kochen finde ich äußerst bewundernswert. All die Nudelgerichte und anderen Gerichte, Backwaren und Suppen aus den unterschiedlichen Teilen Chinas und Vietnams, die meine Mutter über die Jahre gemacht hat, haben mein eigenes Kochen enorm bereichert. Sie hat mir beigebracht, niemals Essen wegzuwerfen, Lebensmittel immer voll und ganz zu verwerten, dankbar dafür zu sein, dass Essen auf dem Tisch steht, und daran zu denken, dass nicht alle das gleiche Glück haben.

Stehe ich heute in meiner Küche und mache ein Gericht, das ich von zu Hause kenne, spüre ich Sicherheit, Liebe und Wärme. Für andere Menschen das Essen zu kochen, mit dem ich aufgewachsen bin, ist für mich auch eine Art, Geschichte zu vermitteln und schöne Erinnerungen aus der Kindheit zu teilen. Nicht nur meine eigenen, sondern auch die meiner Mutter.

2-3 LITER
3 1/2 STUNDEN

Mamas Hühnerbrühe

Es gibt kaum etwas Besseres als eine aromatische klare Hühnerbrühe, die ohne Stress lange kochen durfte. Von allen Brühen hat meine Mutter diese am häufigsten gemacht – mit nur wenigen Zutaten bekommt man die herrlichste Brühe, die es gibt. Sie ist so rein, golden und passt zu fast allem. Die Düfte, die die Küche erfüllen, symbolisieren für mich Geborgenheit und Liebe.

ZUTATEN:

1 ganzes Maishähnchen
10–15 cm Rettich, grobe Stücke
1 große Karotte, grobe Stücke
2 Zwiebeln, grobe Stücke
2 Korianderwurzeln
am besten 4 Frühlingszwiebeln, weißer Teil mit Wurzeln

SO WIRD'S GEMACHT:

1. Das ganze Hähnchen in einen Topf legen und mit Wasser auffüllen, bis es bedeckt ist. Den Deckel schließen, aufkochen und bei starker Hitze 10 Minuten kochen, bis Schaum und Schwebstoffe an die Oberfläche steigen.

2. Das Wasser abgießen, das Hähnchen herausnehmen, den Topf säubern, das Fleisch abbrausen und zurück in den Topf legen. Rettich, Karotte und Zwiebeln dazugeben. Die Korianderwurzeln abbrausen und hinzufügen, am besten auch den weißen Teil von einigen Frühlingszwiebeln samt Wurzeln, falls vorhanden. Wieder mit Wasser auffüllen, bis das Hähnchen bedeckt ist.

3. Bei niedriger Hitze köcheln lassen. Zwei Essstäbchen einander gegenüber auf den Rand des Topfes legen, bevor der Deckel aufgesetzt wird. So kann der Dampf entweichen und es ist einfacher, den Kochvorgang unter Kontrolle zu halten. Versuche den Topf so auf dem Herd zu platzieren, dass die Brühe nur leicht köchelt – 3 Stunden lang.

4. Das Hähnchen aus der Brühe nehmen und die Flüssigkeit durch ein feinmaschiges Sieb gießen. Das Fleisch vom den Knochen lösen, Rettich und Karotten als Topping für Nudelgerichte aufbewahren. Die Brühe ist jetzt fertig zur Verwendung, man kann sie im Kühlschrank aufbewahren oder einfrieren. Sie hält sich 5 Tage im Kühlschrank und 3 Monate im Gefrierschrank.

2 PORTIONEN
25 MINUTEN
(+ BRÜHE 3 1/2 STUNDEN)

Spicy Chicken Noodles

In meiner Kindheit hat uns meine Mutter jedes Wochenende Schüsseln mit dampfender Brühe und Nudeln gemacht. Gerade dieses Nudelgericht hat sie am häufigsten gekocht, und für mich bedeutet es Sicherheit. Egal, ob der Tag schlecht oder in anderer Form anstrengend war – für eine Weile ist alles vergessen. Dieses Gericht ist eine Hommage an meine Mutter. Und ich hoffe, auch Du wirst es mögen.

ZUTATEN:

2 Portionen Reisnudeln
600 ml Hühnerbrühe (siehe S. 127)
MNG (Mononatriumglutamat)
Salz
3 Handvoll Mungbohnensprossen
1 Handvoll Hähnchenfleisch vom Kochen der Brühe (siehe S. 127)
2 EL Zwiebel-Knusperöl (siehe S. 26)
3–4 EL fein gehackte Frühlingszwiebeln
3–4 EL fein gehackter Koriander
frisch gemahlener schwarzer Pfeffer

Sauce:
1 EL Sesamöl
2 EL helle Sojasauce
1 EL Chinkiang (schwarzer Reisessig)
2 EL Chili-Knusperöl (siehe S. 27)

SO WIRD'S GEMACHT:

1. Die Brühe in einem Topf erhitzen, mit je einer Prise MNG und Salz abschmecken. Die Temperatur reduzieren und sieden lassen.

2. Wasser in einem Topf aufkochen, die Bohnensprossen hineingeben und 1 Minute kochen lassen. Abgießen. Die Zutaten für die Sauce miteinander vermischen.

3. Die Nudeln in eine große Schüssel geben. Reichlich Wasser aufkochen, über die Nudeln gießen, sodass alle bedeckt sind, und einen Deckel oder Ähnliches auflegen. Die Nudeln 10 bis 15 Minuten stehen lassen und vorsichtig voneinander separieren. Wenn sie beginnen weich zu werden, probiere eine Nudel: Sie sollte so biegsam sein, dass man sie um den Finger wickeln kann, und angenehm bissfest, al dente. Die Nudeln in ein Sieb abgießen und mit kaltem Wasser abschrecken.

4. Die Nudeln in Essschüsseln verteilen, Bohnensprossen und Hähnchen daraufgeben und die heiße Brühe darübergießen.

5. Jede Portion mit 3 EL Sauce und 1 EL Zwiebelöl beträufeln und mit Frühlingszwiebeln, Koriander und reichlich Pfeffer bestreuen.

2 PORTIONEN
20 MINUTEN
(+BRÜHE 3 1/2 STUNDEN UND
WANTANS 1 STUNDE)

Wantans mit Eiernudeln

Schon als Kind durfte ich meiner Mutter in der Küche dabei helfen, Wantans zu falten, wenn sie dieses Gericht gekocht hat. Wantans mit Eiernudeln, ein klassisches kantonesisches Nudelgericht, mit dem ich aufgewachsen bin. Seidenweiche gefüllte Wantans in einer dampfenden Hühnerbrühe mit Eiernudeln und ein paar anderen einfachen Zutaten machen fast jeden schon nach dem ersten Löffel glücklich.

ZUTATEN:

2 Portionen Eiernudeln
800 ml Hühnerbrühe
(siehe S. 127)
MNG (Mononatriumglutamat)
Salz
1 Pak Choi
2 Handvoll Mungbohnensprossen
10 gefüllte Wantans
(siehe S. 69)
1 Handvoll fein gehackter
Koriander
1 Handvoll fein gehackte
Frühlingszwiebeln
2 EL Zwiebel-Knusperöl
(siehe S. 26)
frisch gemahlener schwarzer Pfeffer

Sauce:
4 EL Chili-Knusperöl
3 EL helle Sojasauce
1 EL Sesamöl
2 EL Chinkiang
(schwarzer Reisessig)

SO WIRD'S GEMACHT:

1. Die Brühe in einem Topf erhitzen und mit je einer Prise MNG und Salz abschmecken.
2. Für die Sauce: Alle Zutaten in einer Schüssel vermischen.
3. Wasser in einem Topf aufkochen. Die Pak-Choi-Blätter vom Strunk lösen und zusammen mit den Bohnensprossen etwa 1 Minute kochen. In ein Sieb abgießen.
4. Reichlich Wasser in einem großen Topf aufkochen und die Wantans hineingeben. Wenn die Teigbündel an die Oberfläche steigen, sind sie fertig, das dauert 4 bis 5 Minuten. Mit einem Schaumlöffel aus dem Topf heben und in einem Sieb abtropfen lassen.
5. Die Nudeln nach Packungsanweisung oder nach Geschmack al dente kochen. In ein Sieb abgießen.
6. Nudeln und Wantans in Schüsseln verteilen und die Brühe darübergießen. Jeweils Pak Choi, Bohnensprossen, 2 EL Sauce, Koriander, Frühlingszwiebeln, Zwiebelöl und Pfeffer dazugeben.
7. Die restliche Sauce in kleinere Schüsseln füllen und als Dip für die Wantans servieren.

6 PORTIONEN
4 STUNDEN

Mamas Pho

Pho, das vietnamesische Nationalgericht, ist extrem beliebt, und das ist gar nicht so erstaunlich: Trotz der klaren Brühe hat es geschmackliche Tiefe und enthält vielfältige Aromen von Gewürzen wie Zimt, Sternanis und Kardamom. Zusammen mit Reisnudeln, Rindfleisch und vor allem vielen frischen Kräutern wird es zu einem Gericht, das süchtig macht, nach jedem Löffel will man einfach nur noch mehr. Und Mamas Pho ist die allerbeste!

Knochen und Knochenmark gibt es in den meisten Fleischereien. Rinderbällchen werden häufig als Topping für Pho verwendet. Man findet sie auch in der Gefriertruhe von Asia-Supermärkten.

ZUTATEN:

6 Portionen breite Reisnudeln

Brühe:
3 Zimtstangen
3 Sternanis
4 Lorbeerblätter
1 EL Kreuzkümmelsamen
4 ganze grüne Kardamomkapseln
½ EL schwarze Pfefferkörner
½ EL Fenchelsamen
5 cm Ingwer, der Länge nach halbiert
1 große Zwiebel, halbiert
1 kg Knochenmark
1 kg Rinderknochen
500 g Rinderkamm
10–15 cm Rettich, in grobe Scheiben geschnitten
5 EL Fischsauce
2 EL Zucker
1 TL MNG (Mononatriumglutamat)

SO WIRD'S GEMACHT:

1. Zimtstangen, Sternanis, Lorbeerblätter, Kreuzkümmel, Kardamom, Pfeffer und Fenchel in einer heißen, trockenen Pfanne 2 Minuten rösten. In einer Schüssel beiseitestellen. Ingwer und Zwiebel jeweils auf der Schnittseite in einer heißen, trockenen Pfanne rösten. Wenn die Flächen Farbe bekommen und die Ränder leicht verbrannt sind, sind sie fertig. Auf einem Teller beiseitelegen.

2. Knochenmark, Knochen und Fleisch unter fließendem Wasser waschen. In einen großen Topf geben, der 6 Liter fasst. Mit Wasser auffüllen, bis alles gerade bedeckt ist, aufkochen und 10 Minuten kochen lassen. Fleisch, Mark und Knochen aus dem Topf nehmen, Schaum und Schwebstoffe abspülen. Die Flüssigkeit wegschütten und den Topf säubern.

3. Fleisch, Mark und Knochen zusammen mit den gerösteten Gewürzen, Ingwer, Zwiebel und Rettich wieder in den Topf geben. Mit Wasser auffüllen, bis alles gerade bedeckt ist.

4. Alles bei niedriger Hitze köcheln lassen. Zwei Essstäbchen einander gegenüber auf den Rand des Topfes legen, bevor der Deckel aufgesetzt wird. So kann der Dampf entweichen und der Kochvorgang lässt sich leichter unter Kontrolle halten. Versuche den Topf so auf dem Herd zu platzieren, dass die Brühe nur leicht köchelt – 3 Stunden lang.

⟶

Außerdem:
12 Rinderbällchen
300 g Entrecôte
2 Handvoll Mungbohnensprossen
½ Zwiebel, in dünne Scheiben geschnitten
1 Handvoll fein gehackter mexikanischer Koriander
1 Handvoll fein gehackter Koriander
1 Handvoll fein gehackte Frühlingszwiebeln
1 große mittelscharfe rote Chilischote, entkernt und in Scheiben geschnitten
2 Handvoll Thai-Basilikum-Blätter
6 EL Hoisin-Sauce
frisch gemahlener schwarzer Pfeffer
6 Limettenspalten
eventuell Sriracha

5. Den Rinderkamm aus dem Topf nehmen und auf einen Teller legen, er ist jetzt mürbe und lecker. Abkühlen lassen, in Frischhaltefolie einwickeln und in den Kühlschrank stellen. Die Brühe 1 Stunde weiterköcheln lassen. Durch ein Sieb gießen, mit Fischsauce, Zucker und MNG abschmecken. Die Brühe soll aromatisch und ausbalanciert sein, nach Rindfleisch und nur ein bisschen süß schmecken. Die Rinderbällchen in die Brühe geben und bei niedriger Temperatur warm halten.

6. Das Entrecôte in dünne Scheiben schneiden. Am einfachsten geht das, wenn das Fleisch halbgefroren ist, dann ist es leichter zu verarbeiten. Deswegen legt man das Fleisch vor dem Aufschneiden am besten für 2 Stunden in den Gefrierschrank. Wasser in einem Topf aufkochen, die Bohnensprossen hineingeben und 1 Minute kochen lassen. Abgießen. Die restlichen Toppings vorbereiten.

7. Die Nudeln in eine große Schüssel geben. Reichlich Wasser aufkochen, über die Nudeln gießen, sodass alle bedeckt sind, und einen Deckel oder Ähnliches auflegen. Die Nudeln 10 bis 15 Minuten stehen lassen und vorsichtig voneinander separieren. Wenn sie beginnen weich zu werden, probiere eine Nudel: Sie sollte so biegsam sein, dass man sie um den Finger wickeln kann, und angenehm bissfest, al dente. Die Nudeln in ein Sieb abgießen und mit kaltem Wasser abschrecken.

8. Die Nudeln in Essschüsseln verteilen. Entrecôte darauflegen und die dampfend heiße Suppe darübergießen, sodass die dünnen Fleischscheiben gegart werden. Rinderbällchen, Bohnensprossen, Zwiebelscheiben, mexikanischen Koriander, Koriander, Frühlingszwiebeln, Chili, Thai-Basilikum, 1 EL Hoisin-Sauce auf die Schüsseln verteilen. Mit Pfeffer und Saft von einer Limettenspalte würzen. Eine Schüssel mit Hoisin-Sauce und eventuell Sriracha zum Dippen für das Fleisch auf den Tisch stellen.

4 PORTIONEN
1 STUNDE 20 MINUTEN
(+ BRÜHE 3 1/2 STUNDEN)

Bun Rieu

Meist lautet die Antwort „Pho", wenn ich jemanden bitte, ein vietnamesisches Nudelgericht zu nennen. Das ist nicht erstaunlich, nachdem das Gericht sich am häufigsten auf den Speisekarten vietnamesischer Lokale findet und in letzter Zeit sehr populär geworden ist.

Aber erlaube mir, hier ein vergessenes vietnamesisches Nudelgericht vorzustellen, das Deine Geschmacksknospen garantiert zufriedenstellt. Bun Rieu ist ein Gericht auf der Basis von Hühnerbrühe mit Tomaten und Aromen von Meeresfrüchten. Die Kombination von Hähnchen und Meeresfrüchten ist ziemlich ungewöhnlich, aber ich kann Dir versprechen, fast alle, die sie probiert haben, lieben sie. Pho muss sich warm anziehen – there's a new sheriff in town.

ZUTATEN:

4 Portionen Reisnudeln

Brühe:
1 Handvoll getrocknete Minigarnelen
3 EL Rapsöl
4 Tomaten, grob geschnitten
2 EL Tomatenmark
½ TL Salz
½ TL Zucker
1 ½ l Hühnerbrühe (siehe S. 127)
4 EL Tamarindenpaste (fertig oder aus Tamarinde im Block herstellen)
½ Würfel Fischbrühe

Außerdem:
4 Handvoll Mungbohnensprossen
4 EL Garnelenpaste mit Bohnenöl
3 Eier
100 g frittierter Tofu
250 g vietnamesische Salami, in Scheiben geschnitten
1 Handvoll fein gehackte Frühlingszwiebeln
1 Handvoll fein gehackter Koriander
Thai-Basilikum-Blätter
4 EL Zwiebel-Knusperöl (siehe S. 26)
3 Stangen Staudensellerie, gehobelt
4 EL Fischsauce
1 Limette, in Spalten geschnitten

SO WIRD'S GEMACHT:

1. Die Minigarnelen in einer Schüssel mit Wasser 45 Minuten einweichen.

2. Das Rapsöl bei mittlerer Temperatur in einem Topf, der 2 Liter fasst, erhitzen. Garnelen und Tomaten hinzufügen und 2 Minuten anbraten. Tomatenmark, Salz und Zucker hinzufügen, 2 Minuten anbraten. Die Hühnerbrühe hineingießen und sieden lassen.

3. Tamarinde erhält man als fertige kernlose Paste in Gläsern oder Flaschen. Oder man kauft Tamarinde mit Kernen im Block und stellt selbst eine Paste her. Dafür sollte man sie 20 Minuten in aufgekochtem Wasser einweichen, sodass sich die Kerne mit den Fingern aus dem Tamarindenfleisch herausdrücken lassen. Das Fruchtfleisch durch ein Sieb streichen und zurückbleibende Fasern wegwerfen. Tamarinde und Brühwürfel in die Brühe geben und sieden lassen.

4. Wasser in einem Topf aufkochen, die Bohnensprossen hineingeben und 1 Minute kochen lassen. In ein Sieb abgießen.

5. Garnelenpaste und Eier in einer Schüssel verquirlen. Dafür sorgen, dass die Brühe nicht kocht, sondern nur siedet. Die Eiermasse vorsichtig hineingießen. Den Tofu in mundgerechte Stücke schneiden und ebenfalls dazufügen.

6. Die Nudeln in eine große Schüssel geben. Reichlich Wasser aufkochen, über die Nudeln gießen, sodass alle bedeckt sind, und einen Deckel oder Ähnliches auflegen. Die Nudeln 10 bis 15 Minuten stehen lassen und vorsichtig voneinander separieren. Wenn sie beginnen weich zu werden, probiere eine Nudel: Sie sollte so biegsam sein, dass man sie um den Finger wickeln kann, und angenehm bissfest, al dente. Die Nudeln dann in ein Sieb abgießen und mit kaltem Wasser abschrecken.

7. Die Nudeln in vier Essschüsseln verteilen. Die Brühe darübergießen. Bohnensprossen, Salami, Frühlingszwiebeln, Koriander, Thai-Basilikum, 1 EL Zwiebelöl und Sellerie darauf verteilen. Mit jeweils 1 EL Fischsauce und Saft von einer Limettenspalte abrunden.

Bun Bo Hue

Bun Bo Hue ist genau wie Bun Rieu eine eher unbekannte Nudelsuppe aus der Stadt Hue in Vietnam. Die Suppe wird dank der großzügigen Menge Saté orangefarben und scharf und ist im Gegensatz zu Pho aus Schweineknochen und Rindfleisch gemacht. Zitronengras, Fischsauce, Garnelenpaste und Limettenblätter machen die Suppe komplex und aromatisch. Vielleicht wird Bun Bo Hue Dein neuer Favorit?

Das Fleisch gibt es in den meisten Metzgereien, Limettenblätter gefroren im Asia-Supermarkt.

ZUTATEN:

4 Portionen Reisnudeln

Brühe:
600 g Schweineknochen
400 g Ochsenschwanz
300 g Rinderbrust
4 Stängel Zitronengras
1 Zwiebel, halbiert
4 Knoblauchzehen, leicht zerstoßen
4 Scheiben Ingwer, ½ cm breit
1 EL Chiliflocken
2 Sternanis
5 Limettenblätter
2 EL Garnelenpaste mit Bohnenöl
4 EL Fischsauce
2 EL Farinzucker (oder normaler Zucker)
Salz

Außerdem:
1 Handvoll Mungbohnensprossen
½ vietnamesische Salami, in Scheiben geschnitten
4 EL Saté (siehe S. 24)
1 Handvoll fein gehackte Frühlingszwiebeln
1 Handvoll fein gehackter Koriander
Thai-Basilikum-Blätter
1 Chili, in Scheiben geschnitten
1 Limette, in Spalten geschnitten

SO WIRD'S GEMACHT:

1. Knochen und Fleisch in einem Topf mit Wasser bedecken und etwa 15 Minuten kochen, bis viel Schaum nach oben steigt. Fleisch, Mark und Knochen herausnehmen und abspülen. Die Flüssigkeit wegschütten und den Topf säubern. Knochen und Fleisch zurück in den Topf legen.

2. Die welken Außenblätter vom Zitronengras entfernen. Die Stängel mit dem Messerschaft zerdrücken und halbieren.

3. Zitronengras, Zwiebel, Knoblauch, Ingwer, Chiliflocken und Sternanis in einer heißen, trockenen Pfanne rösten. Wenn die Zwiebel an der Oberfläche etwas anbrennt, alles aus der Pfanne zu dem Fleisch und den Knochen hinzufügen. Limettenblätter, Garnelenpaste, Fischsauce und Zucker hinzufügen und mit Wasser auffüllen, bis der Inhalt gerade bedeckt ist.

4. Bei niedriger Hitze köcheln lassen. Zwei Essstäbchen einander gegenüber auf den Rand des Topfes legen, bevor der Deckel aufgesetzt wird. So kann der Dampf entweichen und der Kochvorgang ist leichter unter Kontrolle zu halten. Die Brühe soll nur leicht köcheln – 3 Stunden lang.

5. Fleisch und Knochen aus dem Topf nehmen. Die Rinderbrust auf einen Teller legen, abkühlen lassen und für das Topping aufbewahren.

6. Die Brühe durch ein feinmaschiges Sieb gießen, sodass nur noch eine klare Flüssigkeit übrig bleibt. Falls gewünscht mit Salz und Fischsauce abschmecken.

7. Wasser in einem Topf aufkochen, die Bohnensprossen hineingeben und 1 Minute kochen lassen. In ein Sieb abgießen.

8. Die Nudeln in eine große Schüssel geben. Reichlich Wasser aufkochen, über die Nudeln gießen, sodass alle bedeckt sind, und einen Deckel oder Ähnliches auflegen. Die Nudeln 10 bis 15 Minuten stehen lassen und vorsichtig voneinander separieren. Wenn sie beginnen weich zu werden, probiere eine Nudel: Sie sollte so biegsam sein, dass man sie um den Finger wickeln kann, und angenehm bissfest, al dente. Die Nudeln in ein Sieb abgießen und mit kaltem Wasser abschrecken.

9. Die Nudeln zusammen mit ein paar Scheiben Rinderbrust und Salami in Essschüsseln verteilen. Brühe darübergießen und jeweils 1 EL Saté, Frühlingszwiebeln, Koriander, Thai-Basilikum, Bohnensprossen, Chili und Saft von einer Limettenspalte darauf verteilen.

Mamas Bo Kho

Dieses Gericht hat Mama meist im Winter gekocht. Es war ein unfassbar schönes Gefühl, von der Kälte draußen nach Hause ins Warme zu kommen – und vom herrlichen Duft einer Bo Kho empfangen zu werden. Mama hat immer so viel davon gemacht, dass sie für die sechsköpfige Familie fast eine Woche gereicht hat. Das Clevere dabei ist, dass sie zuerst wie ein Eintopf gegessen wird: Die Konsistenz ist etwas dicker, und man dippt frisches Baguette in die Sauce. Wenn man sie später mit Hühnerbrühe verlängert und noch einige Würzmittel hinzufügt, erhält man eine Suppe, die mit Nudeln und frischen Kräutern gegessen wird.

ZUTATEN:

4 Portionen breite Reisnudeln

Fleisch:
800 g Rinderkamm
2 Knoblauchzehen, gepresst
3 EL geriebener Ingwer
5 EL Fischsauce
2½ TL 5-Gewürze-Pulver
½ EL Farinzucker (oder normaler Zucker)

Brühe:
3 Stängel Zitronengras
3 EL Rapsöl
6 Knoblauchzehen, fein gehackt
1 Zwiebel, in Scheiben geschnitten
4 EL Tomatenmark
2 l Hühnerbrühe (siehe S. 127)
400 ml Kokoswasser
2 Sternanis
2 Lorbeerblätter
1 Zimtstange
1 TL frisch gemahlener schwarzer Pfeffer
1 TL Chilipulver
1 EL Paprikapulver
6 Karotten, in 2 cm dicke Scheiben geschnitten
1 TL Salz
1 EL helle Sojasauce
3 EL Chiliöl

Toppings:
2 Handvoll fein gehackter Koriander
2 Handvoll Thai-Basilikum-Blätter
1 Zwiebel, in dünne Scheiben geschnitten
1 Limette, in Spalten geschnitten
Fischsauce

SO WIRD'S GEMACHT:

1. Das Fleisch in 4 cm große Würfel schneiden. In einer großen Schüssel mit Knoblauch, Ingwer, Fischsauce, 5-Gewürze-Pulver und Zucker vermengen und 30 Minuten marinieren.

2. Einen der Zitronengrasstängel halbieren und die Hälften mit dem Schaft eines Messers leicht zerdrücken. Die welken Außenblätter und die harten Wurzeln der anderen beiden Stängel entfernen, den Rest fein hacken.

3. In einem großen Topf, der mindestens 6 Liter fasst, das Rapsöl erhitzen. Das halbierte Zitronengras in den Topf geben und bei mittelhoher Temperatur 1 Minute anbraten. Die Temperatur etwas reduzieren, gehacktes Zitronengras und Knoblauch hinzufügen und 2 Minuten anbraten.

4. Die Zwiebel hinzufügen und glasig dünsten. Die Temperatur etwas erhöhen und das marinierte Fleisch hinzufügen, braten, bis alle Seiten Farbe bekommen. Tomatenmark dazugeben, umrühren und 5 Minuten anbraten.

5. Hühnerbrühe, Kokoswasser, Sternanis, Lorbeerblätter, Zimt, Pfeffer, Chilipulver und Paprikapulver hinzufügen. Alles bei niedriger Temperatur mit geschlossenem Deckel 2 Stunden köcheln lassen.

6. Karotten, Salz, Sojasauce und Chiliöl hinzufügen. Weitere 40 Minuten köcheln lassen.

7. Die Nudeln in eine große Schüssel geben. Reichlich Wasser aufkochen, über die Nudeln gießen, sodass alle bedeckt sind, und einen Deckel oder Ähnliches auflegen. Die Nudeln 10 bis 15 Minuten stehen lassen und vorsichtig voneinander separieren. Wenn sie beginnen weich zu werden, probiere eine Nudel: Sie sollte so biegsam sein, dass man sie um den Finger wickeln kann, und angenehm bissfest, al dente. Die Nudeln in ein Sieb abgießen und mit kaltem Wasser abschrecken.

8. Die Nudeln in Essschüsseln verteilen. Aus der Suppe Lorbeerblätter, Sternanis, Zimt und Zitronengras entfernen und sie über die Nudeln gießen. Koriander, Thai-Basilikum, Zwiebel, Fleisch und Karotten darauf verteilen. Mit Limettensaft und Fischsauce abschmecken, um die Balance zwischen Säure und Süße zu finden.

4 PORTIONEN
50 MINUTEN
(+ BRÜHE 3 1/2 STUNDEN)

Khao Soi

Khao Soi ist ein deftiges, leckeres Nudelgericht mit Kokos und Curry. Es hat seinen Ursprung in der Provinz Yunnan in China als Curry auf der Basis von Brühe. Die Kokossahne kam dazu, als die Dai das Gericht mit nach Nordthailand nahmen. Khao Soi ist heute in Chiang Mai das Curry mit dem größten Kultcharakter, aber auch in den Nachbarländern Myanmar und Laos ist es sehr populär. Es ist unglaublich aromatisch und wird Deine Geschmacksknospen garantiert befriedigen.

ZUTATEN:

4 Portionen Eiernudeln
2 EL Rapsöl
2 Knoblauchzehen, fein gehackt
1 EL fein gehackter Ingwer
1 EL Tomatenmark
4 EL rote Currypaste
1 l Hühnerbrühe
300 ml Kokosmilch
½ Küchlein Palmzucker
4 EL Fischsauce

Toppings:
2 Frühlingszwiebeln
3 Eier
Rapsöl zum Frittieren
5 Wantanblätter
2 Handvoll ausgelöstes Hähnchenfleisch vom Kochen der Brühe (siehe S. 127)
1 Schalotte, in dünne Scheiben geschnitten
1 Limette, in Spalten geschnitten

SO WIRD'S GEMACHT:

1. Die Frühlingszwiebeln für das Topping halbieren und der Länge nach in dünne Streifen schneiden. Bis zum Servieren in eine Schüssel mit kaltem Wasser legen.

2. 2 EL Rapsöl bei mittlerer Temperatur in einem Topf erhitzen, der 2 bis 3 Liter fasst. Knoblauch und Ingwer hineingeben und 1 Minute anbraten, um die Aromen freizusetzen.

3. Tomatenmark und rote Currypaste hinzufügen. 2 Minuten anbraten, bis das Öl eine rötliche Farbe bekommt.

4. Die Temperatur etwas erhöhen, Brühe und Kokosmilch dazugeben und aufkochen lassen. Dann auf niedrige bis mittlere Temperatur senken und etwas köcheln lassen.

5. Zucker und Fischsauce hinzufügen, umrühren und köcheln lassen, bis der Zucker sich aufgelöst hat. Je nach Geschmack mehr Fischsauce oder mehr Zucker hinzugeben. Die Brühe beiseitestellen.

6. Die Eier in einer Schüssel verquirlen und in einer beschichteten Pfanne bei niedriger Temperatur braten, als wären es dünne Pfannkuchen. Es ist wichtig, dass die Temperatur niedrig ist und die Eier vorsichtig gebraten werden. Die 5 bis 6 Eier-Pfannkuchen zusammenrollen, in 3 mm breite Streifen schneiden und auf einen Teller legen.

7. Rapsöl in einem Topf auf 160 °C erhitzen, er sollte ungefähr zu einem Drittel gefüllt sein. Wenn Du kein Thermometer hast, kannst Du die Hitze kontrollieren, indem Du ein Holzstäbchen hineinhältst: Bilden sich viele Blasen um das Stäbchen, ist das Öl heiß genug.

8. Die Wantanblätter in 0,5 cm breite Streifen schneiden und portionsweise vorsichtig frittieren. Die Streifen mit einem Schaumlöffel aus dem Öl heben, wenn sie goldbraun geworden sind. In einem Sieb oder auf Küchenpapier abtropfen lassen.

9. Die Nudeln nach Packungsanweisung oder nach Geschmack al dente kochen. In ein Sieb abgießen und mit kaltem Wasser abschrecken.

10. Die Brühe erhitzen. Die Nudeln in Schüsseln verteilen, die Brühe darübergießen und Hähnchenfleisch, Eierstreifen, Wantanstreifen, Schalotte, Frühlingszwiebeln und je eine Limettenspalte daraufgeben. Falls es Dir zu wenig salzig ist, noch etwas Fischsauce hinzufügen.

Laksa

Zum ersten Mal habe ich Laksa in einem kleinen Restaurant in China, einem Familienbetrieb mit zehn Sitzplätzen, gegessen. Meine Familie und ich haben uns jeder eine Schüssel davon bestellt, und ich habe mich sofort in die intensiven, tiefen Aromen der Suppe verliebt. Die schöne cremige Substanz des ursprünglich aus Singapur stammenden Nudelgerichts mit seinem aromatischen und komplexen Geschmack hat mich vor Freude richtig berauscht.

ZUTATEN:

4 Portionen dünne Reisnudeln
2 EL Rapsöl
2 Knoblauchzehen, fein gehackt
1 EL fein gehackter Ingwer
1 kleine scharfe rote Chilischote, fein gehackt
1 Stängel Zitronengras, fein gehackt
2 EL Laksa-Paste
1 EL Farinzucker (oder normaler Zucker)
1 l Hühnerbrühe (siehe S. 127)
300 ml Kokosmilch
2 EL Fischsauce
100 g frittierter Tofu, halbiert
1 Limette, Saft
1 EL Sriracha
2 EL Chili-Knusperöl (siehe S. 27)

Außerdem:
8 rohe Vannamei-Garnelen (mit Schale)
Salz und frisch gemahlener schwarzer Pfeffer
2 EL Rapsöl
2 Handvoll Mungbohnensprossen
2 Handvoll ausgelöstes Hähnchenfleisch vom Kochen der Brühe (siehe S. 127)
1 Handvoll fein gehackter Koriander
4 EL Zwiebel-Knusperöl (siehe S. 26)
1 Limette, in Spalten geschnitten

SO WIRD'S GEMACHT:

1. Das Rapsöl bei mittlerer Temperatur in einem großen Topf erhitzen und Knoblauch und Ingwer 1 Minute anbraten. Chili und Zitronengras dazugeben und 3 Minuten anbraten. Laksa-Paste und Zucker hinzufügen und etwa 3 Minuten braten, sodass alle Aromen freigesetzt werden.

2. Brühe, Kokosmilch, Fischsauce und Tofu dazugeben. 10 Minuten köcheln lassen. Die Suppe mit Limettensaft (für mehr Säure), Fischsauce (für mehr Salz), Sriracha und Chiliöl (für mehr Schärfe) abschmecken.

3. Die Garnelen mit Wasser abbrausen. Schälen und vorsichtig mit einem Messer den Rücken entlang einschneiden, falls vorhanden den Darm entfernen. Mit 2 Prisen Salz und Pfeffer würzen. Das Rapsöl in einer Pfanne erhitzen und die Garnelen rasch auf jeder Seite 30 Sekunden anbraten. Auf einen Teller legen.

4. Wasser in einem Topf aufkochen, die Mungbohnensprossen hineingeben und 1 Minute kochen lassen. In ein Sieb abgießen.

5. Die Nudeln in eine große Schüssel geben. Reichlich Wasser aufkochen, über die Nudeln gießen, sodass alle bedeckt sind, und einen Deckel oder Ähnliches auflegen. Die Nudeln 10 bis 15 Minuten stehen lassen und vorsichtig voneinander separieren. Wenn sie beginnen weich zu werden, probiere eine Nudel: Sie sollte so biegsam sein, dass man sie um den Finger wickeln kann, und angenehm bissfest, al dente. Die Nudeln in ein Sieb abgießen und mit kaltem Wasser abschrecken.

6. Die Nudeln in Essschüsseln verteilen. Bohnensprossen und Hähnchen daraufgeben. Die Suppe inklusive Tofu darübergießen. Mit Garnelen und Koriander bestreuen, jede Portion mit 1 EL Zwiebelöl und Saft einer Limettenspalte beträufeln.

Kindheitserinnerung

Heimlich Makkaroni-auflauf mit Käse und Schinken machen

Besonders bei einer Sache waren meine Eltern in meiner Kindheit sehr deutlich und streng: Wir Kinder durften nie den Herd verwenden, wenn kein Erwachsener zu Hause war. Sie hatten Angst, wir würden vergessen, den Herd oder Ofen hinterher auszuschalten. Trotzdem nutzten einer meiner Brüder und ich manchmal die Gelegenheit, den Herd zu benutzen, wenn meine Eltern ein paar Stunden nicht da waren. Mein Bruder war damals um die zehn und ich um die sieben Jahre alt.

Das kulinarische Niveau war extrem hoch, mit einer Speisekarte, die im Wechsel aus drei Gerichten bestand: überbackene Brote, Makkaroniauflauf und Instantnudeln. Nachdem das Ganze höchst verboten war, mussten wir natürlich immer alles schnell aufessen und dann die Fenster öffnen, um zu lüften. Alles wurde gespült und abgetrocknet, wir putzten die Küche, als wäre sie ein Tatort, an dem wir die Spuren verwischen mussten. Natürlich hatten wir immer Essen zu Hause, das Mama für uns gekocht hatte, fertig zum Aufwärmen in der Mikrowelle, aber zu diesem Zeitpunkt waren Makkaroni besser als die gegrillte Ente im Kühlschrank.

Nun sitze ich hier an meinem Esstisch und kann kaum glauben, dass ich die abschließenden Worte zu einem Buch formuliere, von dem ich mir selbst in meinen wildesten Fantasien nicht vorstellen konnte, dass ich es schreiben würde. Wenn ich an das erste Treffen mit meiner Verlegerin zurückdenke und mir klar wird, dass ich jetzt ein fertiges Buch habe, macht mich das unglaublich froh und stolz. Eines ist sicher – allein hätte ich das nie hingekriegt, und den folgenden Personen möchte ich aus tiefstem Herzen ganz besonders danken.

Meiner Lebensgefährtin Sara (die auch das Layout dieses schönen Buchs gemacht hat), weil Du meine beste Freundin und Partnerin bist, mich immer aufmunterst, mir Feedback gibst und ständige Kochdämpfe und summende Dunstabzugshauben erträgst. Ich bin so froh, Dich bei diesem Projekt dabeizuhaben, es ist großartig, dass wir unsere Vision zusammen verwirklichen konnten. Unserem Hund Alfons, der immer mit mir in der Küche ist, der mir Küsschen gibt und mich auf Spaziergänge mitnimmt, wenn ich sie am meisten brauche. Ich liebe Euch. Meinen geliebten Eltern Thay und Sanh für Eure bedingungslose Liebe, Eure gute Erziehung und das fantastische Essen aus meiner Kindheit, von Euch habe ich meine Liebe zum Essen. Meinen Geschwistern Joakim, Emmy und Mikael, weil Ihr mir die beste Kindheit geschenkt habt, die ich mir vorstellen kann. Eure Unterstützung und all die gemeinsamen Kindheitserinnerungen sind für mich unendlich wertvoll. Danke, dass ich Euer kleiner Bruder sein darf, ich liebe Euch.

Meiner fantastischen Verlegerin Gunilla Bergmark für Deine Herzlichkeit, Deine Ermunterung und vor allem für Deinen Glauben an mich. Meiner Fotografin Lina Eidenberg Adamo dafür, dass Du allzeit bereit bist, und für Deine fantastischen Fotos – es hat mir große Sicherheit gegeben, Dich bei diesem Projekt dabeizuhaben. Meiner Lektorin Maria Selin für Dein Engagement, Deine Geduld und positive Energie. Du bringst mir mit wertvollen Gedanken, Ideen und Tipps ständig neue Dinge bei. Und natürlich ein großes Dankeschön an alle übrigen im Team für Euer tolles Engagement und Eure Unterstützung.

Zum Schluss will ich mich noch bei Markus Mauritzson bedanken, von dem ich das Porzellan leihen durfte, und bei Thomas Lyon für die schönen Produkte. Bei meiner guten Freundin Julia Tuvesson für Deine Kompromisslosigkeit, Deine Ermunterung, dass alles möglich ist, und dafür, dass Du immer als Diskussionspartnerin zur Verfügung stehst. Beim Rest meiner Familie und allen meinen guten Freunden für die Unterstützung und dafür, dass Ihr immer da seid. Ich bin so froh, dass ich Euch habe.

REZEPTREGISTER

ZUM AUTOR

Dennis Yen ist eigentlich Innenarchitekt. Vielleicht wirken die Gerichte und Rezeptbilder in seinem Buch deshalb oft wie Kunstwerke in Schüsseln. Der Schwede mit familiären Wurzeln in China und Vietnam hat eine Leidenschaft für die Küche Südostasiens. Für eine gute Brühe nimmt er sich durchaus mehrere Tage Zeit, aber er liebt auch Instantnudeln und alles dazwischen. Seine Inspiration holt er sich bei der Familie, allen voran seiner Mutter, deren Erinnerungen an das Essen ihrer Kindheit Dennis bewahren will.

IMPRESSUM

Hinter jedem tollen Buch steckt ein starkes Team

Projektkoordination der deutschen Ausgabe für ZS: *Tom Mathony*
Übersetzung ins Deutsche: *Julia Gschwilm*
Produktion und Redaktion der deutschen Ausgabe: *Marc Strittmatter, ppp.services*
Lektorat: *Renate Nöldeke*
Satz: *Anja Dengler, Werkstatt München GbR*
Grafische Anpassung des Covers der deutschen Ausgabe: *Katharina Fesl*
Texte und Rezepte: *Dennis Yen*
Fotografie: *Lina Eidenberg Adamo*
Layout und Illustrationen: *Sara Trangärd*
Herstellung: *Frank Jansen*
Producing: *Jan Russok*
Druck & Bindung: *optimal media GmbH, Röbel*

1. Auflage 2023

Kaiserstraße 14 b
D-80801 München
ISBN: 978-3-96584-322-6